La respuesta está en ti

EDICIÓN ACTUALIZADA Y REVISADA POR EL AUTOR

DEL DOLOR A LA VERDAD

Gabriel Rolón

La respuesta está en ti

DIANA

Obra editada en colaboración con Editorial Planeta – Argentina

Título original: *Palabras cruzadas*

© 2009, 2021, Gabriel Felipe Rolón
Todos los derechos reservados

Edición ampliada y definitiva
Concepto editorial: Anónima Content Studio
Diseño e imágenes de portada: Óscar Abril / BaPstudio.co
Fotografía del autor: © Alejandro Palacios
Corrección: Teodora Scoufalos
Formación: Liz Estrada
Ilustraciones de interiores: Diego Martínez García
Diseño de maquetación: Ale Ruiz Esparza

© 2021, Grupo Editorial Planeta S.A.I.C. – Buenos Aires, Argentina

Derechos reservados

© 2025, Editorial Planeta Mexicana, S.A. de C.V.
Bajo el sello editorial DIANA M.R.
Avenida Presidente Masarik núm. 111,
Piso 2, Polanco V Sección, Miguel Hidalgo
C.P. 11560, Ciudad de México
www.planetadelibros.com.mx

Primera edición impresa en Argentina: octubre de 2021
ISBN: 978-950-49-7489-5

Primera edición impresa en México: agosto de 2025
ISBN: 978-607-39-3117-5

Impreso en los talleres de Litográfica Ingramex, S.A. de C.V.
Centeno núm. 162-1, colonia Granjas Esmeralda, Ciudad de México
Impreso en México – *Printed in Mexico*

A Zoe

ÍNDICE

PRÓLOGO
A LA NUEVA EDICIÓN

La historia de Orfeo y Eurídice es una de las más populares de la mitología griega.

Eurídice era una hermosa ninfa que murió intentando escapar del acoso de un pretendiente. Pero tenía un enamorado que no estaba dispuesto a perderla: Orfeo, el músico que con su lira y su voz calmaba el dolor de los humanos y atenuaba la furia de los dioses.

Dispuesto a rescatarla del Infierno, el héroe descendió hasta quedar cara a cara con Hades y Perséfone, los reyes de la región tenebrosa. Luego de conmoverlos con su canto, les solicitó que dejaran que su amada volviera con él a la vida. Todavía emocionados, los dioses aceptaron, pero impusieron una condición: Orfeo debería marchar delante de su mujer y no podría voltearse hasta salir del Infierno. Los enamorados aceptaron el trato y emprendieron el retorno. Pero poco antes de alcanzar la luz, Orfeo sintió temor de que ella no lo siguiera, giró para asegurarse, y con ese gesto la condenó. La figura de Eurídice se convirtió en humo y desapareció para siempre.

Existe la tentación de ver en Orfeo al enamorado valiente capaz de ir hasta el Infierno por amor. Sin embargo, en su libro *La palabra amenazada,* Ivonne Bordelois destaca que este mito expone el abismo que se abre entre quien habla y quien no puede ser escuchado. Orfeo no creyó en la palabra de Eurídice y necesitó voltearse para corroborar que lo seguía. La autora resalta, además, una frase pronunciada por la Eurídice de Marcel Camus en su película *Orfeo negro*:

—Si pudieras escucharme en vez de verme.

Y plantea una batalla muy actual: el lenguaje frente a lo visual. Lo simbólico contra lo imaginario.

Desde hace tiempo se nos propone la falacia de que una imagen vale más que mil palabras. Hay en nuestra cultura una sobreestimación de la imagen, algo que recorre a cualquier especie, en desmedro de la palabra que es una cualidad exclusivamente humana. Somos humanos en tanto que habitamos un mundo de palabras. Un mundo lleno de ancestros, regiones y acontecimientos que no hemos visto ni veremos jamás, y sin embargo nos recorren. Aun así, qué difícil resulta creer en la palabra del otro. Confiamos en el decir de alguien y no falta quien pregunte:

—¿Lo viste?

Capturados por el poder de la imagen, necesitamos ver para creer, cuando en verdad, lo que se ve es lo más engañoso, lo menos humano. Lo importante siguen siendo las palabras. Dicen los evangelios: «Bienaventurados los que creen sin ver».

No es esta una apología de la fe, sino un intento de ubicar el lugar del analista. El analista es alguien que cree sin ver. No percibe ninguno de los mundos que deambulan por su consultorio. No hay otras personas. Solo están él, su paciente, algunos nombres, y un relato hecho de dolor y de palabras. Palabras en las que cree sin ver. Y no es el único.

Cuando una persona desea que confíen en ella renuncia a los gestos y dice:

—Te doy mi palabra.

Dar la palabra es darse uno mismo, siempre y cuando se trate de una palabra plena. Plena de la verdad o del deseo que recorre al sujeto. Una palabra que compromete y modifica la posición subjetiva de quien la pronuncia. Ante un mundo de personas que, capturadas por la palabra vacía, hablan sin decir nada, la palabra plena abre el desafío del decir.

—Sí, quiero —manifiesta alguien ante un juez y esas palabras cambian su vida para siempre.

A partir de ese momento, por ejemplo, será una persona casada con derechos y obligaciones que no tenía antes de ese juramento.

Existe, entonces, la palabra plena en la vida cotidiana. También en el análisis, aunque en el consultorio esa palabra toma la forma de algo impensado, de un lapsus, de un sueño, de algo que sorprende tanto al paciente como al analista que escucha a la espera de la aparición de esos momentos de sorpresa.

«El Psicoanálisis cura», sentenció en su libro Juan David Nasio. Es cierto. Cura porque es eficaz. Y la eficacia del Psicoanálisis es la eficacia de la palabra. Pero, como vimos en la historia de Orfeo, en la vida todo tiene al menos una condición, un límite. El límite de la palabra es que no puede decirlo todo. Siempre habrá algo que escape a su significación.

El ser humano está condenado a vivir asumiendo una falta, un desconocimiento. La vida es una sucesión de preguntas sin respuestas. El análisis permite encontrar algunas, no todas. Hay cosas que no sabremos jamás.

Aun así, la palabra nos define. Para existir es necesario ser nombrado. Un nombre, un deseo, un mandato nos precede y nos da un lugar en el mundo. Un lugar que a veces es doloroso. También de eso se ocupa el Psicoanálisis. Pero el lenguaje no solo nos precede, también nos sucede.

Aquellos que amamos y perdimos hoy son nada más que un nombre. Una palabra que trae aromas de alguien que fue y nos ayuda a construir una historia.

Es lo máximo que podemos hacer en este tránsito por la vida: dejar palabras que les permitan, a quienes nos sucedan, armar un cuento con lo que hemos sido. Porque, en definitiva, tarde o temprano, todos seremos solo un cuento.

El análisis es también un lugar pleno de silencios. El analista, como Octavio Paz, sabe que todo silencio humano contiene una palabra. A veces el silencio es una de las formas más poderosas de la palabra. Aunque no todos los silencios son iguales. Algunos son mudos y otros están llenos de sentido. Por ejemplo, el momento en que el paciente dice algo y el analista enmudece. Se produce una tensión, porque el analizante sabe que ese silencio le abre un mundo de ideas que luego tendrá que poner en palabras para explicar su dolor. Y pronunciarlas a su modo. Porque el *cómo* revela el *qué*. La forma en que alguien dice algo, muestra el dolor o el deseo que contiene su decir. Un dolor o un deseo que ya no son naturales porque están mediados por la palabra.

La palabra nos excluye del mundo natural. El ser hablante ha perdido la necesidad y ha entrado en un universo de lenguaje que resignifica esas necesidades y las transforma en deseos. Deseos que nos obligan a relacionarnos con otros, a pedir lo que queremos a alguien que interpretará lo que pueda de lo poco que pudimos decir. Alguien que responderá dando o negando algo que no es lo que pedimos. Porque siempre deseamos otra cosa de lo que creemos desear.

La palabra es abismo. Es al mismo tiempo herramienta y conflicto. Comunicación y malentendido. Verdad y mentira. Habitamos en la confusión. Y en ella debemos construir nuestra subjetividad.

Edvard Munch es el autor de *El grito*, un cuadro impactante. Pablo Picasso de *El Guernica*, donde se ve el grito de una madre que lleva el cuerpo sin vida de su hijo. Pero ocurre algo extraño. En estas obras, la palabra orada la imagen, y los gritos se escuchan.

También el grito tiene un lugar en el mundo del lenguaje. Quizás sea una forma primitiva de la palabra, la que más nos liga con la emoción. El límite entre la palabra y lo innombrable. Un intento vano de encontrar una palabra que no existe para nombrar lo indecible.

Por eso, el grito no debe ser banalizado. A diferencia de los gritos frecuentes que surgen de peleas sin sentido, el grito de quien se ha quedado sin palabras ante el horror es también una palabra plena. En ocasiones, el consultorio debe alojar ese grito.

Palabras cruzadas, ahora *La respuesta está en ti,* es el nombre que elegí para este libro hace más de diez años. La intención era mostrar cómo, a partir del lenguaje, podemos perseguir al dolor desde la manifestación sintomática hasta su origen.

Se trata de un libro sostenido por casos reales. Hombres y mujeres que llegaron a mi consultorio en busca de alivio o de respuestas. En aquel momento elegí cinco historias de pacientes que había analizado algunos años antes. Época en la que todo era muy distinto. Por ejemplo, no existía el término *violencia de género*; no había lugares específicos donde pudieran dirigirse las mujeres golpeadas; no se había aprobado la ley de matrimonio igualitario ni la interrupción voluntaria del embarazo; la legalidad (o no) del uso de la marihuana para consumo personal no era tema de agenda; se hablaba de «un travesti» en lugar de «una travesti»; y la idea de la pansexualidad, o de una apertura en la sexualidad, todavía no asomaba en la cultura. El lenguaje inclusivo no era aún tema de debate.

Aunque comparto la sentencia freudiana, no solo los síntomas siguen la modalidad de la época. También lo hacen las intervenciones de los analistas. Trabajamos con la realidad psíquica del paciente, con sus palabras, sus prejuicios y con el modo en que cada uno se las ve con los condicionamientos que le impone la cultura que habita. Estoy seguro de que hoy esos pacientes hubieran hablado de otra manera y presentado sus conflictos de modo diferente. Por lo tanto, mis intervenciones quizás hubieran sido otras. También los analistas habitamos un momento y un espacio determinado.

En esta edición corregida y aumentada con una historia nueva, podría haber modificado el relato de aquellos casos clínicos para no desentonar con el tiempo que nos toca vivir. Pero no hubiera sido honesto con quienes me permitieron contar sus vidas después de haber leído mis escritos. No se trata de una decisión caprichosa sino ética.

La lucha por los derechos continúa. Y los analistas caminaremos junto a nuestros pacientes de la mano del tiempo.

Siempre.

GABRIEL ROLÓN
Agosto de 2021

PRÓLOGO
A LA EDICIÓN ORIGINAL

Un paciente no es una persona. Un paciente no es un individuo. Un paciente es un sujeto.

Sabemos que los griegos, responsables de algunas de las manifestaciones más bellas e importantes del arte y de la cultura de Occidente, tenían mucha estima por el teatro. Son famosas sus tragedias, sus comedias, y Sófocles y Aristófanes son nombres que todavía hoy resuenan con total pertinencia. En aquellos tiempos no existían los teatros tal cual los conocemos hoy. Las obras se representaban al aire libre, en espacios amplios a los que concurría muchísimo público. Para que fuera posible escucharlos, los actores llevaban puesta una máscara que amplificaba sus voces a la vez que disimulaba sus identidades. Esa máscara, ese disfraz que ocultaba sus rostros, se llamaba *persona*. Un nombre de origen latino que etimológicamente significaba «retumbar».

Es decir que el origen mismo de la palabra *persona* remite al ocultamiento, a lo que no es, a la actuación y al engaño.

Por el contrario, un paciente es alguien que llega al consultorio dispuesto a quitarse todas las caretas y mostrar las más profundas de sus heridas. Para eso trabaja y se expone. Con generosidad y a un costo alto se adentra en un camino que tiene como punto de partida el dolor y como destino final el develamiento de su verdad.

A la vez, el analista se compromete a acompañarlo en esa travesía porque es, antes que nada, un enamorado de la verdad. Aunque no se trata de una verdad universal y trascendente: no hay que confundir al analista con un filósofo, un sociólogo o un místico. No nos desvela Dios, tampoco «El Hombre», el *dasein* heideggeriano, sino única y exclusivamente ese hombre o esa mujer que ha venido a pedir nuestra ayuda. Y la verdad que nos interesa encuentra sus orígenes en la historia individua de cada paciente, recorre su sangre y su vida aunque él mismo se resista a reconocerla y aceptarla como propia.

La palabra *individuo* también proviene del latín y significa «imposible de ser dividido». Nada más alejado de un paciente que eso. El analizante está escindido, desgarrado por su sufrimiento y sus contradicciones. Ama y odia al mismo tiempo. Quiere pero no quiere. Desea y no puede. Tiene miedo de algo, y no por eso deja de desearlo. Un individuo es alguien sin ambivalencias, sin culpa. No son así quienes llegan a mi consultorio. Por el contrario, envueltos en una nube de confusión y angustia, hacen cosas que no querrían y traen síntomas que los hacen sufrir y de los que parecen no saber nada. En parte es cierto. Porque al momento de comenzar el análisis, el paciente «no sabe que sabe». ¿Cómo puede ser?

Para responder a esta pregunta hay que aceptar que existe un saber inconsciente, un saber no sabido, un saber que no es accesible a la conciencia. Sin embargo —y esto me resulta decisivo a la hora de aceptar el inicio de un tratamiento—, a pesar de esa sensación de extrañeza y desconocimiento, el sujeto debe sospechar que algo tiene que ver con «eso» que le pasa. Quien crea que sabe lo que quiere, quien sienta que siempre tiene la razón y maldiga a Dios o a los demás por su destino, no está preparado para transitar el camino del análisis.

El Psicoanálisis es una terapia que no es como las demás terapias, dijo Lacan. De donde podemos deducir que el paciente del Psicoanálisis no es como los demás pacientes. Es alguien que sufre y se pregunta, porque sabe que hay una razón para ese dolor, intuye además que tiene responsabilidad en ese padecer, e incluso se anima a idear alguna causa que explique su sufrimiento. No importa si su hipótesis es cierta o errada. Intenta involucrarse y admitir su ambivalencia.

El hecho de habitar un cuerpo puede generar la idea errónea de que somos individuos. Es cierto que el cuerpo es el escenario fundamental a partir del cual se desarrollará la construcción de un sujeto. Como señaló Freud: «el Yo es antes que nada un Yo corporal». No hay sujeto sin cuerpo, pero no basta con que exista un cuerpo para que haya un sujeto. Es necesario que las miradas y el contacto de otros caigan sobre ese cuerpo.

Las caricias de los padres, el reconocimiento de ciertos rasgos y las palabras atraviesan el cuerpo del bebé y construyen de a poco lo que será su personalidad, a la vez que van significando ese cuerpo con algo que nada tiene que ver con la biología, sino con las palabras.

Prueba irrefutable de esto son, por ejemplo, los síntomas conversivos, característicos de las estructuras histéricas. En ellos, el cuerpo ve afectada alguna de sus funciones sin que haya ninguna justificación orgánica para que esto ocurra. Los nervios de la pierna reciben y transmiten información, pero el paciente no puede caminar. También los trastornos de la alimentación demuestran que no hay adecuación entre el cuerpo biológico y el cuerpo subjetivo. Una paciente anoréxica puede verse obesa a pesar de sufrir una delgadez tan extrema que en muchos casos pone en riesgo su vida. ¿Por qué ocurre esto? Porque hay algo en ese cuerpo subjetivo que va más allá de lo biológico. Es decir que el cuerpo físico, atravesado por las marcas del discurso, se independiza de la biología y toma un lugar propio ligado a lo simbólico. De allí que cada sufrimiento emocional se vea reflejado en el cuerpo y que, a su vez, cada acto que se ejerza sobre él, marque —para bien o para mal—, el modo de desear y sufrir de un sujeto.

El sujeto humano no es libre. Está *sujetado* a su historia, a su Inconsciente, a deseos de otros, pero sobre todo, sujetado a la palabra. A diferencia de la persona o del individuo, el sujeto existe con anterioridad a su propia gestación, desde el momento en que sus padres comienzan a desearlo y a poner en juego sus ideales sobre el futuro hijo. Más tarde, durante el embarazo, se va generando una realidad que aguarda la llegada del bebé y, cuando por fin se produce el nacimiento, ya hay un mundo que lo está esperando, un nombre y un deseo volcados sobre él.

Cuando un recién nacido, que en su vida intrauterina no había sentido jamás hambre o sed debido a la simbiosis con su madre, experimenta alguna de esas sensaciones desagradables por primera vez, entiende que no puede satisfacer por sí mismo esas necesidades y solo atina a llorar como acto reflejo de descarga de la tensión psíquica. Es allí cuando aparece otro (un otro tan importante que los analistas lo escribimos en mayúscula: Otro), por lo general alguno de los padres, y le da un sentido a ese llanto. «Ah —dice la madre—, tiene hambre», lo abraza, le da el pecho y lo satisface. Desde ese momento, el bebé comprenderá algo fundamental para su existencia: que, a partir de ahora, todo lo que quiera deberá pedirlo a otros, y que las palabras no solo lo comunican con los demás, sino que también lo atan a ellos.

A todo esto y más debe responder alguien que ni siquiera es capaz de mantenerse en pie y alimentarse por sí mismo. Por eso, no es extraño que para muchos vivir sea una tarea difícil y que, con el tiempo, la carga se vuelva demasiado pesada.

No es fácil acarrear esa mochila, y algunos solo pueden hacerlo a costa de su salud. Así comienzan a aparecer los síntomas que son, antes que nada, una forma equivocada y patológica de responder a algunas exigencias internas o externas que se le presentan al sujeto. Este, imposibilitado de hallar la respuesta adecuada, encuentra en la enfermedad una manera muy costosa de resolver sus conflictos.

¿Qué lugar podría encontrar la palabra en la superación de esos síntomas?

Suele decirse que hablar hace bien, que la palabra cura. Esta afirmación ha llevado a muchos al equívoco de pensar que una conversación con un amigo, con un padre o, por qué no, con uno mismo, es suficiente para producir un proceso de curación. No es así.

Para que los síntomas cedan, para que ocurra la curación anhelada, es necesario que haya alguien que escuche de manera diferente aquello que el sujeto dice. Alguien a quien este le suponga un «saber hacer» con sus dichos, en quien confíe que podrá leer en esos dichos un sentido distinto al aparente. Un sentido que ni el paciente ni los demás son capaces de escuchar. Y ese es, precisamente, el lugar del analista.

Este libro está atravesado por palabras que se cruzan y se repiten: silencio, angustia, llanto, deseo o miedo. No podría ser de otro modo si pretendo ser veraz con lo que ocurre en el transcurso de un análisis.

Un análisis es un proceso que tiene su origen cuando acordamos juntos, paciente y analista, comenzar un tratamiento. A partir de allí se inicia un devenir de acontecimientos que tienen un protagonista fundamental: el lenguaje. Pero no se trata de cualquier lenguaje; para nosotros se trata de un lenguaje a descifrar. Un lenguaje que engaña, que muestra y oculta al mismo tiempo.

Una vez hubo un niño que, parado frente a unos símbolos incomprensibles, tomado de la mano de su padre, lo miró fascinado y le dijo: «Cuando sea grande voy a descifrarlos». El hombre se rio. Años después, ese chico cumplió con su promesa. Esos símbolos eran los jeroglíficos escritos en la piedra de Roseta, y el joven era Jean-François Champollion.

Con igual pasión vamos los analistas tras el discurso encriptado de nuestros pacientes. Con esa misma convicción escuchamos el relato de los hechos de su historia o de sus sueños.

Entonces… Palabras cruzadas.

Es lo que todo el tiempo percibo cuando dirijo un proceso analítico. Palabras que se cruzan en la mente del paciente y que vienen de su pasado: «Tú nunca vas a llegar a nada», «Esta empresa va a ser tuya», «No naciste para ser feliz», «La homosexualidad es una enfermedad», «Ni se te ocurra dejar de estudiar».

Palabras que se cruzan aquí y ahora y generan, por ejemplo, esa aparición del Inconsciente a la que llamamos lapsus:

—Soy una persona intolerable —dijo cierta vez una paciente queriendo decir que era «intolerante».

Y esa palabra que se cruzó en su discurso, «intolerable», generó un sentido diferente del esperado y abrió puertas que hasta entonces estaban cerradas.

Palabras que se cruzan entre el paciente y el analista, y que toman la forma de la pregunta, el señalamiento o la interpretación. Y por qué no, palabras que se cruzan en mi propio pensamiento durante las sesiones y algunas veces me invitan a intervenir. Otras, en cambio, me empujan a un territorio de duda y reflexión.

Palabras cruzadas.

Esa es, en definitiva, otra manera de describir un proceso analítico: como una sucesión de palabras que se cruzan a partir del dolor y que, con el deseo, la claridad y el valor necesarios, pueden conducir al develamiento de una verdad capaz de cambiar para siempre la vida del paciente.

GABRIEL ROLÓN
Febrero de 2009

CASO UNO: NORMA

PÁNICO, ABANDONO

1

Antes de ver por primera vez a un paciente, siempre experimento una sensación rara. Una mezcla de expectativa e intriga y no puedo dejar de armar en mi cabeza una imagen previa al encuentro. Es algo contra lo que lucho. No es aconsejable tener juicios previos —prejuicios— sobre alguien que viene a consultar porque puede predisponerme de manera inadecuada. Por el contrario, es necesario mantener la mente despejada de ideas, sobre todo cuando esas ideas no tienen fundamento. Y así suele ser en estos casos, ya que hasta entonces cuento solamente con la voz de quien me consulta y con lo que pude entrever en la breve charla telefónica en la que pactamos la primera entrevista.

Son pocos los datos que esa conversación aporta, es cierto. Sin embargo, permiten percibir más de lo que uno pudiera imaginar. La inflexión de la voz, las palabras, el ritmo del habla. Todo detalle es un indicio, un aporte que ayuda al conocimiento del posible analizante.

En el caso de Norma, cada una de las señales que había notado en el primer contacto delataba un estado de tristeza profundo. La lentitud con la que había hablado, la escasez de palabras, la manera de aceptar el encuentro como si fuera algo que no pudiera evitar ni elegir.

Llegó acompañada, y ese era un dato sugestivo. Pero yo no iba a preguntar nada acerca de eso. Todavía.

—Adelante, Norma. Siéntese. Es un gusto conocerla.

—Gracias. Estoy un poco nerviosa. Es la primera vez que consulto a un psicólogo.

—La comprendo. Pero no se preocupe, una entrevista psicológica no es algo tan raro.

No era del todo cierto, pero la ambigüedad del lenguaje me permitió decirlo de ese modo. En definitiva, se trata de una práctica habitual. No por eso deja de ser extraña.

Alguien llega, se sienta frente a una persona a la que no ha visto jamás y debe hablar sobre sus miedos, su sexualidad o cosas que lo avergüenzan. Por eso, algunas personas necesitan su tiempo antes de animarse. La primera entrevista es muy importante, es el inicio de un proceso, pero de ninguna manera indica el comienzo de un análisis.

El hecho es que sentí que debía calmar a Norma. Casi no me miraba. Estaba a la defensiva, asustada. Ante una actitud como esa, quedarse callado no suele ser lo mejor, de modo que opté por un comportamiento más activo. Además, en las entrevistas preliminares me permito preguntar todo lo que considere necesario para decidir si puedo y quiero hacerme cargo del caso. Por supuesto, siempre y cuando el paciente también me acepte como analista.

—Cuénteme, por favor, por qué pidió esta consulta.

«Por favor». Un modo de comunicarle que comprendía cuánto le costaba hablar en ese primer encuentro.

—En realidad me lo sugirió mi jefe.

—¿Y por qué su jefe le sugirió esto?

Se queda pensando.

—Para ser sincera, no me lo sugirió. Me lo ordenó. Baja la cabeza y su mirada se pierde en medio de un silencio breve. Se interrumpe. Son los primeros momentos. Aún no me conoce ni confía en mí. Por eso, para no avasallarla, intervengo casi como pidiendo permiso.

—¿No quiere decirme qué está pensando?

—Me da vergüenza.

—¿Qué le da vergüenza?

—Lo que pasó.

—¿Qué fue lo que pasó?

—Pasó que… —se interrumpe—. Una de mis compañeras le dijo…

Su discurso es entrecortado y debo intervenir todo el tiempo para ordenarlo.

—¿A quién?

—A mi jefe.

—¿Qué le dijo?

—Que le parecía haberme escuchado llorar en el baño.

Silencio.

—¿Era cierto? —Asiente con la cabeza—. Continúe, por favor.

—Fue hace un par de semanas. Y se ve que él me estuvo observando, como si esperara que llegara el momento de hablar.

—¿Y el momento llegó?

—Sí.

—¿Cuándo?

—Hace dos días.

—¿Cómo fue?

—Fue durante el horario de la comida —se interrumpe—. Yo estaba en el baño y él tocó mi puerta.

—¿Usted estaba llorando?

—Sí.

—¿Qué pasó, Norma?

—Cuando escuché los golpes en la puerta me asusté. Y me asusté más cuando oí su voz. «¿Norma, se siente bien? —me preguntó—. Contésteme. Abra la puerta». Me desesperé. El corazón me latía cada vez más rápido, empecé a transpirar y tuve que sentarme en el piso porque creí que me desmayaba. Y esa sensación horrible…

—¿Qué sensación?

—Sentí que… que me iba a morir ahí, en ese mismo instante. —Me mira—. ¿Entiende de qué le hablo?

Taquicardia, sudoración repentina, sensación de baja presión y la idea inminente de la muerte. Claro que entiendo de qué me habla. Me está relatando un ataque de pánico. Por mi mente pasan imágenes de lo por venir si tomo el caso. Angustia, llamados a deshora y una presencia permanente. El caso va a demandar intervenciones directivas, consejos, mucha contención y poco análisis, al menos por un tiempo. Me sacudo esas ideas. El trabajo será arduo. De modo que, cuanto antes empecemos, mejor.

—La entiendo, Norma. Continúe.

Norma tenía 46 años cuando comenzó a analizarse conmigo. Hacía dos que se había divorciado de Esteban, con quien tenían un hijo, Facundo, de 17 años.

Decidimos iniciar el tratamiento luego de la cuarta entrevista y tomé la decisión de trabajar cara a cara. No era su momento de hacer diván. No todavía.

—Esteban fue mi único hombre —me contó después de algunas sesiones.

—¿Eso quiere decir que jamás se acostó con otro o que ni siquiera salió con alguien más?

Baja la cabeza. Le incomoda hablar del tema.

—Ambas cosas.

—Cuénteme cómo fue la historia.

Se toma unos segundos.

—Éramos vecinos. Vivíamos a una cuadra de distancia. En aquella época los chicos iban a la escuela de la colonia, a la de Gobierno. Así que, como teníamos la misma edad, coincidimos en primer grado y fuimos compañeros hasta terminar la primaria.

«En aquella época».

Norma es una mujer joven. Sin embargo, habla de su niñez y su adolescencia como si fueran algo que pasó hace mucho tiempo. De todos modos, guardo ese dato y no digo nada. De a poco ha empezado a hablar y no quiero perturbarla.

—Después, yo fui a una preparatoria general y él a una técnica. Pero usted se debe acordar de cómo eran las colonias, ¿no?

—¿Qué quiere decir con eso?

—Que uno se seguía viendo. Nos cruzábamos en la calle, en la tienda, en los bailes escolares. ¿Se acuerda?

Asiento.

—¿Usted también iba a esos bailes?

Podría no responder. En la mayoría de los casos no lo habría hecho, pero la noto relajada, y me parece una buena ocasión para que comience a generarse un vínculo que permita que ella me sienta más cercano.

—Sí, claro. Tenían su encanto.

—Por supuesto que lo tenían —dice entusiasmada.

Por primera vez aparece una sonrisa y se disipa ese gesto compungido que le es habitual.

—¿Quiere hablarme de eso?

—Bueno. Aunque ahora no se me note, yo era una adolescente muy bonita, y eran muchos los chicos que querían bailar conmigo. Muchos —repite con una mirada nostálgica.

—¿Y usted aceptaba?

—Casi nunca.

—¿Por qué?

—Y… porque yo no tenía ojos más que para Esteban. Él era tan…

—¿Tan qué?

—Tan lindo, tan hombre a pesar de su edad. Tenía una mirada hermosa, una voz pausada. Era diferente de todos los demás.

—Y, por lo que veo, usted ya estaba enamorada de él.

Se ruboriza.

—¿Se me nota?

—Sí.

—Creo que en aquel momento también se me notaba. Siempre fui muy transparente.

—Entonces, supongo que él estaba al tanto de lo que usted sentía.

—Sí, claro. Pero todo era tan distinto.

—¿Distinto de qué?

—A como es ahora.

—¿Por qué? ¿Cómo es ahora?

—Las adolescentes de ahora son más audaces. Antes una chica no podía ir y tirársele a un muchacho.

Sonrío.

Norma deja de hablar. Algo cambió en su mirada. Algo no anda bien, puedo percibirlo. Se ha puesto seria y me doy cuenta de que alguna cosa la perturbó. No sé qué, pero debo aclararlo de inmediato. De lo contrario podríamos desandar los pocos pasos que hemos avanzado.

—Norma, ¿qué pasa? ¿Algo de lo que hice o dije le molestó?

Su rostro está tenso. Aprieta los dientes y su respiración se hace profunda, como si se estuviera conteniendo.

—Le ruego que me conteste, por favor.

Me inclino apenas hacia delante en mi sillón y se aleja instintivamente. Como si temiera que fuera a saltar sobre la mesa que nos separa para hacerle algún daño.

—No entiendo —continúo—. ¿Me puede explicar qué pasó?

Me mira.

—No me gusta que se rían de mí. Aunque lo que le cuente le parezca una estupidez, es mi vida. Y me lastima que se burle de mi historia.

¿De qué me está hablando esta mujer? ¿Se ha vuelto loca? ¿Cuándo me reí de su historia? Me está agrediendo sin motivos y no tiene derecho. Pero cuando estoy a punto de responder me detengo. ¿Cómo que no tiene derecho? ¿Qué estoy pensando?

Comprendo que, casi sin darme cuenta, sus palabras hicieron que yo también me enojara con ella y me apartara, por un segundo, de mi rol.

Por suerte, en ese instante, vienen a mi memoria las palabras de mi viejo analista, Gustavo.

«Gabriel, no olvide que en la sesión usted no es usted. Es una pantalla sobre la que sus pacientes proyectan sus miedos, sus frustraciones, sus enojos. El consultorio es el escenario en el cual se actualizan los sucesos del pasado y puede que a veces le toque ocupar el lugar de un personaje querido y otras el de alguien odiado. Pero no se equivoque. No es con usted. No se crea tan importante».

Estos momentos son los más difíciles de manejar. El analista se ve invadido por alguna emoción que no puede ni debe dejar salir. Y mucho menos permitir que estos afectos lo obnubilen. Respiro una, dos veces y vuelvo a centrar mi atención en lo que realmente importa: el paciente.

—Norma, permita que le diga que ha habido un malentendido. Por algún motivo usted piensa que yo me reí de su relato e interpretó esto como una falta de respeto. Pero está equivocada. Le doy mi palabra.

—No me mienta. Yo lo vi.

—No es cierto, Norma.

—¿Me acusa de mentirosa?

—No. No digo que mienta, solo que se confunde. Sé que cree que lo que dice es verdad, pero déjeme aclarar esta confusión. ¿Puede ser?

Digo todo esto en voz muy suave, casi sin matices. No quiero parecer agresivo, pero tampoco arrepentido, porque eso sería corroborar que su impresión es correcta. Busco un tono neutro, analítico.

—Veamos —continúo—. Usted estaba hablando acerca de que las cosas, en «su época», eran diferentes. Que una chica no podía tomar la iniciativa y... —de pronto comprendo—. Norma, ¿usted se enojó porque yo sonreí?

—Sí.

—Pero yo no me estaba riendo de su historia.

—¿Y de qué se rio entonces?

—Es que usted utilizó una palabra que hace mucho que no escuchaba. Dijo que una chica no podía *tirársele* a un muchacho. Y eso me retrotrajo a mi propia adolescencia. Así decíamos: *tirarnos*, en lugar de *declararnos*. —La miro de un modo cómplice—. ¡Cuánto hacía que no escuchaba ese término! Es increíble, ¿no cree?

—¿Qué cosa?

—Cómo una sola palabra puede traer tantos recuerdos.

Es el momento de intentar volver a acercarse.

—Y bueno, discúlpeme. Pero su relato me despertó alguna añoranza. Después de todo, somos de la misma época.

Su mirada se suaviza, su gesto se hace más relajado.

—Es cierto. —Sonríe.

—¿De qué se ríe? ¿Qué pensó?

—Que de habernos conocido en otro lugar, usted y yo nos hubiéramos tuteado.

La miro.

—Podemos hacerlo, si quiere.

Vuelve a sonreír.

—No sé si me va a salir.

—No es una obligación. Pero si lo desea, podemos intentarlo.

Piensa unos segundos.

—Bueno, intentémoslo. ¿Sabes qué? —continúa luego de una pequeña interrupción.

—No, cuéntame —remarco el tuteo.

—Hace unos segundos… te hubiera matado.

Nos reímos.

Esa sesión marcó un cambio importante en la relación analítica. A partir de ese día, Norma se relajó mucho más y empezó a hablarme de sus temores más profundos. Y, de un modo casi exagerado, volcó en mí toda su confianza. Dejé de ser una amenaza para ser un salvavidas. Incluso, empezó a tener una actitud de dependencia exagerada, casi patológica conmigo. No daba ningún paso sin consultarme y, cuando se angustiaba, solo mi palabra parecía calmarla.

Ese es un lugar incómodo para el analista. El paciente piensa que somos el garante de su bienestar y de su seguridad. Genera un vínculo que hace que tengamos que estar muy atentos, porque cada palabra nuestra puede volverse para él un mandato, una ley que cumplir. Pero estas eran las dificultades de este caso, y por un tiempo decidí quedarme en ese lugar. No era el terreno más agradable. Pero yo no estaba ahí para sentirme bien, sino para ayudarla.

Pasaban los meses y el análisis continuaba. A veces parecía detenerse y volvía a arrancar, lentamente, como se podía. Con los tiempos de Norma. Era una paciente con la cual debía tener mucho cuidado porque cualquier intervención podía despertar su angustia.

Recuerdo aquel día con precisión.

Era un miércoles por la tarde y llovía en Buenos Aires. Estaba en la mitad de una sesión cuando tocaron la puerta de mi consultorio. Me resultó extraño, ya que cuando estoy atendiendo dejo expresa indicación de no ser interrumpido a menos que se trate de algo muy importante. Y esta vez lo era. Me disculpé con mi paciente y fui a abrir la puerta.

—¿Qué pasa? —pregunté.

—Discúlpame por interrumpirte —dijo mi asistente—, pero te llama una mujer. Dice que es urgente. Volví a excusarme y salí hacia la recepción para atender la llamada.

—Hola.

—¿Licenciado Rolón?

—Sí.

—Perdón que lo moleste. Mi nombre es Verónica. Trabajo con Norma Valverde.

Mi pulso se aceleró y me puse alerta.

—¿Qué pasó?

—Ella me pidió que lo llamara.

—¿Y por qué no me llamó ella?

Traté de que mi voz sonara calma.

—Porque está encerrada en el baño. No quiere salir. Dice que se va a morir. Y me pidió que lo llamara a usted.

Mi paciente esperaba en el diván. Mi asistente me miraba interrogante. La voz de la mujer sonaba muy nerviosa y yo imaginé la situación: Norma encerrada y llorando tirada en el piso del baño de su trabajo. El gerente y sus compañeros del otro lado de la puerta tratando de convencerla para que saliera. Algunos nerviosos, otros simplemente sorprendidos o intrigados.

—¿Usted me habla desde un teléfono inalámbrico? —le pregunté.

—Sí. Desde mi celular.

—Hágame el favor de acercárselo a Norma.

—Pero usted no entiende. Está encerrada.

—Entiendo perfectamente. Solo le pido que vaya hasta donde ella está y le diga que yo estoy al teléfono. Que quiero hablarle.

—Pero no puedo pasarle el teléfono si no abre la puerta.

—Ya lo sé —respondí algo alterado por la obviedad.

—Ah. ¿Usted piensa que ella me va a abrir para tomar el teléfono?

—No lo sé. Pero intentémoslo, por favor.

Mi voz debe de haber sonado imperativa, porque la mujer no dijo una palabra. A través del teléfono me llegaban sonidos cambiantes, rumores de voces, como si estuviera desplazándose de un lugar a otro.

—Ya llegué —me dijo secamente después de unos segundos—. ¿Y ahora qué hago?

—Háblele con tranquilidad. Dígale que yo quiero hablar con ella.

Breve silencio.

—Norma, ábreme, por favor, que…

—No —la interrumpí—, no le pida que le abra la puerta. Solo dígale que yo quiero hablarle.

—Pero…

—Por favor. Haga lo que le pido.

La mujer resopló algo molesta, pero siguió mis instrucciones. Al cabo de unos minutos logró convencerla de que entreabriera la puerta. Norma tomó el celular y volvió a encerrarse.

—Hola, Norma.

Silencio.

—¿Me escuchas?

Continuaba sin hablar. Yo podía oír sus sollozos desesperados.

—Tranquilízate. Todo va a estar bien. No tengas miedo.

—Gabriel —me dijo llorando—, me voy a morir. Yo sé que me voy a morir.

—Eso no es cierto. Estás pasando un momento difícil. Lo sé. Pero te doy mi palabra de que no te vas a morir.

Sigue llorando.

—Yo sé que sí.

Debo llevar su atención hacia otra cosa. Distraerla de esa idea obsesiva que le genera la certeza de su muerte inminente.

—Norma, ¿estás de pie?

—…

—Contéstame, por favor. ¿Estás parada?

—No.

—¿Dónde estás?

—Sentada en el piso —responde con voz entrecortada.

—¿Tienes la luz prendida?

—No.

—Bueno, escucha bien lo que te voy a pedir. Quiero que prendas la luz.

—No. Me da miedo moverme.

—No te va a pasar nada. Confía en mí. Simplemente tienes que estirar la mano y prender la luz.

—No puedo.

—Sí puedes. Dale. Yo te hablo mientras tanto.

Pasan unos segundos.

—Ya está.

—¿Lo hiciste?

—Sí.

—¿Viste que ibas a poder?

—…

—Dime, ¿de qué color es el baño?

—¿Qué?

—Te pido que me digas de qué color es el baño.

—No sé.

—Fíjate.

—Beige.

—¿Azulejos?

—Sí.

—¿Lisos?

—No.

—¿Y qué dibujo tienen?

—No sé… unas hojas, o unos pajaritos.

—Norma, hay una gran diferencia entre una hoja y un pájaro. —Finjo una sonrisa cuando en realidad estoy muy tenso—. Entiendo que estás asustada, pero supongo que conservas la capacidad de diferenciar una cosa de la otra, ¿no?

—Bueno, hago lo que puedo. No te enojes.

—No, no me enojo. Solo quiero que me describas cómo son los azulejos.

Seguimos así un buen rato. No recuerdo las cosas que le dije ni el giro que fue tomando la conversación. El diálogo no tenía demasiada lógica. Tampoco buscaba que la tuviera. Solo necesitaba que hablara, no importaba de qué. Porque sabía una cosa: la palabra expulsa la angustia. Si conseguía que se conectara conmigo, de a poco, la crisis iría pasando.

La charla duró varios minutos. No podría decir cuántos. Le pedí que se pusiera de pie y que se lavara la cara. De a poco se fue calmando, hasta que me dijo que necesitaba verme. Respondí que estaba dispuesto a atenderla en cuanto llegara a mi consultorio, pero que para eso iba a tener que salir del baño.

Aceptó. Le pedí que abriera la puerta y me pasara con su amiga. Así lo hizo.

—Verónica, ¿usted puede acompañarla hasta mi consultorio?

—Sí. Está bien. No creo que sea conveniente que vaya sola.

—Tiene razón. Además, me gustaría agradecerle y pedirle disculpas. —Silencio—. Dígame algo.

—Sí, lo escucho.

—Hace un instante, cuando hablamos, ¿tuvo muchas ganas de insultarme?

—Sí. —Sonríe.

—Bueno. Entonces venga y sáquese el gusto.

Lo ocurrido me llevó a tomar una decisión importante. Debíamos hacer una interconsulta con psiquiatría. Norma no podía volver a pasar por situaciones como esa y era evidente que requería de una contención farmacológica. Los psicólogos no podemos medicar. Por esa razón, llamé de inmediato a un psiquiatra de mi confianza y le pedí que tuviera una consulta con ella.

Lo puse al tanto y decidimos que la vería cuanto antes. Se trata de un médico dedicado y con mucha experiencia. Fue fácil acordar con él. Lo difícil fue convencer a Norma para que aceptara verlo.

Suele ocurrir que la sola indicación de hacer la consulta pone a los pacientes a la defensiva. Piensan que si se les canaliza a un psiquiatra es porque son locos y se niegan a tomar medicación porque sostienen que no están enfermos.

—Norma, no vas a estar enferma porque tomes medicamentos. No es la medicina la que te va a convertir en una enferma.

Al contrario, nos va a ayudar a controlar y superar una enfermedad que ya tienes. —Me mira—. Te guste o no, debes aceptarlo. Con o sin medicación estás enferma. Y yo quiero que te cures.

—¿De verdad crees que estoy enferma?

La respuesta debe ser cuidadosa. Nunca es fácil para el paciente asumirlo. La palabra *enfermedad* tiene connotaciones negativas. A veces, incluso, es utilizada como un insulto. Por eso abordo el tema con sumo cuidado.

—Sabes que yo soy psicoanalista, ¿no?

—Sí.

—Bueno, los psicoanalistas clínicos trabajamos con enfermedades psíquicas. Graves o leves. Imagina que vas a un médico. Puedes ir porque estás agripada, porque tienes una disfonía, un ataque al hígado o por algo mucho más serio. En todos los casos, estás enferma. A veces te recomendarán reposo, otras que tomes antibióticos o te hagas estudios más complejos. ¿Sí?

—Sí.

—Bueno, esto es parecido. En algunas ocasiones los pacientes están tristes, en otras enojados, deprimidos o, como en tu caso, con síntomas que les impiden manejarse en su vida cotidiana. Porque lo que a ti te pasa te complica y mucho, ¿o no? — Asiente—. Imagino que no debe haber sido nada grato para ti pasar por lo que pasaste.

Se hace un silencio profundo.

—Fue horrible.

—Cuéntame.

—Fue uno de los momentos más difíciles que he pasado en mi vida. Imaginaba que todos estarían mirando a ver cómo salía «la loquita». Salí mirando el piso. No quería cruzar la mirada con nadie. Verónica me dio la mano y yo me abracé a ella. Me llevó hasta la salida y subimos a su auto. ¿Sabes qué fue lo que más me extrañó?

—No.

—Que, al contrario de lo que yo pensaba, no nos encontramos con nadie.

Hago silencio. Esa fue una acertada intervención de Verónica que pidió a todos que se fueran para que Norma se retirara más tranquila.

—Pero esto de medicarme me da miedo.

—Hagamos una cosa. Ve a la consulta, habla y escucha lo que el médico tiene que decirte. Después nos reunimos y conversamos sobre el tema. Con ir no pierdes nada. Y es una opinión más. No estás obligada a hacer algo que no quieras. ¿Te parece?

Seguimos conversando del tema y, un poco a regañadientes, decidió ver al psiquiatra. Norma fue a la entrevista y, después de conversarlo en su sesión conmigo, aceptó tomar la medicación que le habían indicado. Así, junto con el médico, acordamos cómo seguir en este tratamiento interdisciplinario.

Lo primordial era evitar otras crisis. Poco podríamos avanzar con el análisis si su pensamiento permanecía ligado exclusivamente a la idea de que iba a morir. El paso inicial era, entonces, bajar su nivel de ansiedad. El psiquiatra optó por un ansiolítico en gotas con dosis programada y otro sublingual en caso de emergencia. Este último haría efecto de modo inmediato y le daba a Norma la posibilidad de utilizarlo cuando sintiera la inminencia del estado tan temido. Con este tipo de patologías, es importante que el paciente tenga un elemento que lo relaje y le haga sentir que tiene un arma para defenderse ante la irrupción desmesurada de la angustia. A partir de allí deberíamos esperar y estar atentos. Quizás bastara con esa medicación, aunque no descartamos la posibilidad de que fuera necesario sumar algún antidepresivo. Así fue en el caso de Norma.

Esto hizo indispensable un control psiquiátrico más activo, ya que las primeras tres o cuatro semanas son las que van dando la pauta de cómo reacciona el paciente frente a la medicación y si hay que realizar algunos ajustes.

En la sesión siguiente hablamos acerca del tema. Le expliqué que la medicación haría efecto en unas semanas y que debía contarme todos los cambios que fuera notando, para bien o para mal.

—Pero tú estás en contacto con el psiquiatra, ¿no? —me preguntó.

Para ella era muy importante sentir que yo la estaba cuidando y seguía al frente del tratamiento.

—Por supuesto —le respondí.

Pero no era eso lo único que debía decir. Habíamos tomado una decisión terapéutica fuerte y era mi obligación informarle.

—¿Qué pasa? Te noto serio.

—Norma, yo soy un hombre serio —le dije a modo de broma, intentando distenderla.

—Dale, dime qué pasa.

—Te quiero hacer una consulta. ¿Cómo tomarías la posibilidad de pedir una licencia en el trabajo?

Silencio.

—¿Licencia psiquiátrica, quieres decir?

—Sí.

Se angustia.

—Pero yo necesito trabajar.

—Y vas a trabajar. Solo te estoy planteando que no te veas expuesta a más presiones hasta que pase esta crisis. —Me mira en silencio. Continúo—: Esto está contemplado en la legislación laboral. No eres la primera empleada que pasa por un momento difícil y necesita tomarse unos días. Es como si…

—Sí, ya sé. Como si me hubieran operado del apéndice.

—Correcto.

—Pero no es igual, porque la gente no te mira de la misma forma cuando vuelves de una operación del apéndice que cuando te dieron licencia porque estás loca.

—Norma, tú no estás loca.

—Pero, según tú, no puedo ir a trabajar, ¿no?

—Yo no dije eso. Sugerí que no lo hicieras por un tiempo. Pero no estás tan mal como para que yo te lo imponga.

Necesito que ella se comprometa con la decisión y no que lo haga solo porque se lo digo.

—Si quieres seguir yendo, ve. Simplemente cumplo con mi obligación de decirte lo que creo que es mejor para atravesar este momento. Pero la que decide eres tú.

Fue una intervención dura, difícil, de esas que un analista preferiría no hacer. Pero era necesaria. Ella se quedó callada. No dijo ni una palabra durante el tiempo que quedaba de sesión —que todavía era bastante. Y yo sostuve ese silencio.

Norma aceptó tomar una licencia en su trabajo por motivos de salud y esto produjo un cambio importante en su carácter. Se le veía relajada, incluso contenta, y aproveché la oportunidad para profundizar algunos temas e intervenir de un modo más analítico.

En ese periodo conversamos acerca de muchas cosas de su historia.

Me contó que se había hecho novia de Esteban a los 16 años. Fue en el cumpleaños de una amiga en común. Estaban en la terraza y había llegado el momento de «las calmadas». Se oía la voz de Spinetta interpretando «Muchacha ojos de papel» cuando él le preguntó:

—¿Bailamos?

Aceptar una calmada significaba reconocer que él le gustaba. Y ella no quería seguir negándolo. Todos lo sabían. Incluso ellos.

Se abrazaron para bailar. Ella apoyó la cabeza sobre su hombro y él comenzó a jugar con los dedos entre sus cabellos y, al ver que no había rechazo, también le acarició el cuello con suavidad. Norma no podía creer lo que estaba ocurriendo. Había soñado con ese momento tanto tiempo.

—Por favor, que no se detenga ahora, pensé.

—¿Y?

Sus ojos se humedecen.

—Y él no se detuvo.

Esteban tomó su cara, la miró a los ojos como pidiéndole autorización, y la besó, lenta, profundamente.

—Creo que fue la sensación más fuerte que tuve en mi vida —recuerda Norma.

A partir de esa noche fueron inseparables. Sus padres no se asombraron porque sabían desde siempre que «habían nacido el uno para el otro», y alentaron la relación.

Un año después Norma tuvo su primera experiencia sexual con Esteban.

—¿Cómo fue?

—Hermosa, pero rara.

—¿Qué te resultó raro?

—Eso de desvestirme. La sensación de que me viera desnuda. —Le cuesta hablar. Es muy pudorosa—. Verlo a él. —Se ríe—. Todo era muy extraño.

—Pero parece que pudiste vivirlo con intensidad; con placer.

—Sí. Él fue un santo… aunque un poco torpe.

—Y, los santos no suelen ser muy hábiles en esto del sexo, ¿no? Además, por lo que me dijiste, para él también era la primera vez.

—Sí. No sabía… no encontraba… bueno, tú me entiendes, ¿no?

—Sí. Entiendo.

Lo cierto es que Norma había entrado a su sexualidad de la mejor manera. De la mano del amor, de la ternura, de una pareja estable y de una pasión compartida. La relación con Esteban siguió su marcha y poco después, cuando cumplieron 19 años decidieron casarse.

—Eran muy jóvenes —le señalé.

—Sí. Pero Esteban se sentía cómodo en su casa. El padre era un hombre desaprensivo y la mamá se la pasaba todo el tiempo en la cama, deprimida. Él la adoraba, pero igual no soportaba más vivir ahí.

—¿Y tú?

—Y yo… era raro.

—¿Por qué lo dices?

—Porque mis padres eran muy grandes. Vinieron de España, escapando de la Guerra Civil, y nunca fueron muy comunicativos conmigo. Fui la hija de la vejez. Además, no tengo hermanos. Era todo muy sospechoso.

—¿Qué quieres decir con sospechoso?

—Que muchas veces pensé si no sería adoptada.

—¿Les preguntaste?

—Ni loca. —Me mira—. Ustedes los psicólogos piensan que se puede hablar de todo. Pero hay algunos temas que a padres e hijos nos cuesta encarar.

—Que cueste no quiere decir que no haya que hablarlos.

—Tienes razón. Pero yo no lo hablé nunca.

—Jamás les compartiste esa duda.

—No. De todas maneras, no tenía nada que compartir. Ese no era el único tema del que no podía conversar con ellos.

—¿Por qué?

—Ya te dije, eran muy grandes y estaban en lo suyo. Y yo deseaba una vida diferente para mí. Además, nosotros…

—¿Nosotros quiénes?

—Esteban y yo. Queríamos… estar juntos todo el tiempo. ¿Comprendes?

—¿Verse todo el tiempo?

—No. —Se sonroja—. «Estar juntos».

—Ah, quieres decir que tenían deseo de coger todo el tiempo.

Se tapa la cara.

—Ay, licenciado, tampoco lo diga así.

La verdad es que esos dos adolescentes se habían utilizado el uno al otro para escaparse de la casa y, empujados por el erotismo, decidieron casarse. Por lo general este tipo de decisiones no suelen ser acertadas. Cuando no se está bien en un lugar, lo más sano es irse, no escaparse.

Dos años después nació Facundo y durante mucho tiempo fueron muy felices. ¿Hasta cuándo? Eso me lo contaría algunas sesiones después.

La medicación había hecho efecto. Norma estaba menos ansiosa y podía hablar de su historia sin que la angustia la desbordara, lo cual nos permitió trabajar más en profundidad.

—No puedo entenderlo.

—¿Qué cosa no puedes entender?

—Lo que nos pasó a Esteban y a mí. Estábamos tan bien juntos, éramos tan felices. Yo vivía solo para él.

—¿Y a Esteban le gustaba eso?

Me mira y baja la vista.

—Yo creía que sí. Pero parece ser que no. De lo contrario, no hubiera pasado lo que pasó.

—¿Qué fue lo que pasó?

—Natalia.

Sus ojos se llenan de lágrimas y le cuesta hablar. Nos quedamos un rato en silencio hasta que retoma la palabra.

—Una noche me dijo que tenía algo que decirme, y me confesó todo.

Esteban le contó que hacía dos años que tenía una relación con Natalia, una mujer diez años menor que él. Había tratado de luchar contra ese sentimiento para conservar su hogar, pero ya no podía seguir haciéndolo. Era un hecho. Estaba enamorado de ella y quería separarse. Avergonzado y tratando de cuidar a Norma todo lo posible, le pidió perdón y le informó que se iría de la casa.

—Ni siquiera lo consultó conmigo. No me dio la oportunidad de pelear por lo nuestro.

Imaginé el dolor que la recorría. Pero estaba más fuerte, y podíamos hablar de las cosas con otro nivel de análisis. Ya no era necesario que la cuidara tanto.

—Esteban no tenía nada que consultarte porque ya había tomado la decisión de separarse. Y en cuanto a la oportunidad de pelear por sostener la pareja, como dice el refrán, cuando uno no quiere dos no pueden. Y, por lo que me cuentas, Esteban no quería más.

Lloró mucho en esa sesión, después de la cual dedicamos bastante tiempo a elaborar su pérdida. Repasamos esa relación en la cual según los dichos de Norma «estaban tan bien y eran tan felices juntos» y llegó a la conclusión de que no había sido así.

El paso del tiempo había erosionado el vínculo hasta desgastarlo por completo. Norma se entregó de a poco a la rutina, hasta que la esposa y la madre habían acabado con la mujer. Ella creía que bastaba con la casa impecable, la comida lista y el hijo bañado y con la tarea hecha para brindarle a Esteban un hogar feliz. Pero él quería más. Quería una mujer que lo deseara, que tuviera un proyecto propio y luchara por conseguirlo. En ese aspecto Norma había dejado que su vida pasara de largo durante muchos años. Y cuando quiso reaccionar era tarde.

La separación había sido pacífica y, a pesar del dolor, ella pudo sobrellevarla sin caer en una crisis.

Un año después, Esteban le informó que, por cuestiones profesionales, Natalia debía irse a vivir a España y él iba a acompañarla. Este había sido un golpe duro para Norma y también para su hijo.

—Justo en el momento que Facundo más necesitaba a su padre, él se fue. Y yo tuve que contenerlo y hacer de padre y madre.

También sobre esto trabajamos mucho. Comprendió que ella podía intentar ser la mejor madre posible, pero que de ninguna manera podía ocupar el rol del padre. Esto no era sano ni para ella ni para su hijo. Además, Esteban era un padre que vivía lejos, pero no un padre ausente.

Norma estaba trabajando muy bien en su análisis y progresaba. Era el momento de tomar una nueva decisión terapéutica que sabía iba a generarle angustia y ansiedad.

—No quiero. ¿Por qué tengo que hacerlo?
—Porque ya es tiempo de que lo hagas.
—Pero yo me siento bien así, como estoy.
—Puede ser, pero no puedes seguir toda la vida, ¿no te parece?
—¿Y por qué no?

—Porque afuera hay un mundo y el precio de tu bienestar no puede ser el aislamiento. —Silencio—. Yo sé que el miedo que sentías ya desapareció. Por eso, ¿no te parece que estás en condiciones de enfrentarte con el mundo exterior? ¿No crees que tu vida no debe reducirse a tu casa y este consultorio?

—Pero aquí me siento segura.

—Te entiendo, pero tu seguridad debe apoyarse en una sensación interior y no puede depender de estas cuatro paredes.

Silencio.

—¿Y a partir de qué fecha debería volver a trabajar?

—Decidámoslo juntos. —Quiero involucrarla y que comprenda y sienta que es un momento del análisis y no una imposición mía.

—No sé. Dame unas sesiones para hacerme a la idea.

Escucho cómo me lo pide. No mide el tiempo en semanas, lo mide en sesiones. Y es justo esa dependencia extrema con el análisis lo que hay que desarmar. El análisis debe ser un espacio donde pueda poner en juego su deseo, y no un refugio que contenga sus miedos.

Fijamos la fecha de su retorno al trabajo para tres semanas después. Ese lunes por la mañana agregamos una sesión. Según sus palabras, «necesitaba verme» antes de enfrentarse de nuevo con su jefe y sus compañeros. Sin embargo, yo intuía que había algo más que inconscientemente le preocupaba. Algo que no tenía que ver con la gente de su trabajo sino con aquel lugar en el que su síntoma había hecho eclosión. ¿Por qué en ese ámbito? Aún no lo sabía. Pero, como suele ocurrir cuando un análisis progresa, es cuestión de escuchar y tener paciencia. Más tarde o más temprano, si el analista no entorpece la tarea, la verdad que pugna en el paciente por salir termina develándose.

Para Norma, no fue sencillo volver. El miedo, la inseguridad e incluso la vergüenza al ver a los compañeros delante de los cuales había «hecho aquel espectáculo», no eran emociones fáciles de enfrentar. Pero lo hizo. Con toda la entereza de que era capaz.

—Ya resistí medio día —me dijo, en broma, cuando me llamó durante su hora de comida.

Y no solo resistió esa mañana sino los tres días que la separaban de la próxima sesión.

—Me cuesta mucho —dijo—, por momentos creo que voy a quebrarme. Entonces, respiro profundo, hablo con Verónica y se me pasa. Estoy intranquila, pero no desbordada. Tengo una angustia que me acompaña todo el tiempo, pero lo estoy controlando. El psiquiatra me dijo que si era necesario podía aumentar unas gotitas del ansiolítico. Pero por ahora no hizo falta. Bien, ¿no?

Otra vez me coloca ante una situación difícil. Está pidiendo mi aprobación, sé que la necesita, pero debo ir apartándome de ese lugar de autoridad casi omnipotente.

—¿Tú qué crees?

—Que sí, que está bien.

—Me alegro, entonces.

Las semanas pasaban y, aunque la angustia no desaparecía del todo, ella empezaba a desenvolverse en su trabajo con normalidad. Tanto su jefe como sus compañeros le tenían mucho cariño y se lo demostraban todo el tiempo. La contenían, la acompañaban, y así le hacían más llevadera su readaptación. Pero a veces no basta toda la contención del mundo para frenar la embestida de la angustia.

Eran aproximadamente las tres de la tarde cuando sonó el teléfono de mi consultorio. Yo estaba en una pausa, tomando un café. Atendí.

La voz de Norma estaba tan quebrada por el llanto que me resultaba difícil entender lo que decía.

—Ayúdame, por favor...

Más que su voz, reconocí su súplica.

—Norma, ¿qué ocurre?

Llanto.

—¿Me escuchas?

—Sí.

Su ruego resonaba en mis oídos: «Ayúdame, por favor». De nuevo me vi convocado a ese lugar tan incómodo para un analista. Pero no era el momento de hacerse a un lado.

—Por supuesto que voy a ayudarte —respondí—, pero para eso necesito que me digas qué ocurre.

—Otra vez, Gabriel. Volvió a pasarme otra vez.

—¿Qué cosa volvió a pasarte?

No me responde.

—Mira, vamos a hacer algo, a ver si te parece. Cuelga el teléfono y yo te llamo al celular. Le vas a pedir a alguien que te acompañe hasta acá y vamos a conversar hasta que llegues. ¿Te parece?

—Sí.

—Bueno, cuelga que te llamo.

Breve silencio.

—¿Qué pasa?

—Me vas a llamar, ¿no?

—Por supuesto.

Norma cuelga y la llamo de inmediato. Hablamos durante todo el trayecto hasta el consultorio.

Llega y se desploma sobre el sillón. Le ofrezco un vaso de agua. Sus ojos están rojos y tiene el rostro hinchado de tanto llorar. Me mira avergonzada, como si hubiera hecho algo malo. No digo nada. Le doy el tiempo que considere necesario para empezar a hablar. Está en el consultorio, en su espacio analítico. Aquí se siente segura, y eso hará que se vaya relajando. Espero. Solo algunos minutos.

—Perdóname —me dice llorando—, soy un fracaso.

—No tengo qué perdonarte. A mí no me hiciste nada. Y además no me parece que seas un fracaso.

—¿Cómo que no? Tuve otro ataque de pánico. Otra vez la taquicardia, el temblor y esa sensación de que me iba a morir. Igual que la otra vez. Volví a sentir lo mismo.

—Puede ser. Después de todo no es sencillo controlar lo que se siente. Pero ¿no te parece que estás siendo injusta contigo, que estás confundiendo la parte con el todo?

Se lo pregunto para obligarla a razonar. Trato de moverla de ese lugar padeciente a otro menos angustioso. Y la manera más efectiva es distanciarla de la emoción para que se conecte con el pensamiento.

—No entiendo la pregunta.

—Estoy tratando de decirte que no poder todo no es lo mismo que no poder nada.

—Sigo sin entender.

—A ver. Si analizamos los dos episodios, no es cierto que sean iguales. ¿No te parece que hay diferencias?

—¿Cómo cuáles?

Hago un silencio. Le doy tiempo para que disminuya su ansiedad.

—Pensemos. Es cierto que algo de lo que te ocurrió fue similar a la vivencia anterior. La parte que tiene que ver con lo que sentiste.

Asiente.

—Pero la otra parte, la que tiene que ver con tu actitud, con lo que pudiste hacer a pesar de lo que sentías, fue diferente, y eso es un paso adelante. Un paso muy grande. —Me mira asombrada. Está escuchando con atención. Continúo—: Norma, durante la crisis anterior no pudiste ni siquiera llamarme por teléfono. Te encerraste a llorar en el baño, tu amiga tuvo que hablarme y tardaste más de una hora en poder salir de ese encierro. ¿Te acuerdas?

—Sí.

—Bueno, esta vez lo manejaste mucho mejor, ¿no te parece?

—Pero no pude evitarlo.

—Es verdad. Nadie dijo que iba a ser fácil. Pero ¿entiendes la diferencia que te señalo?

—Sí. —Pausa—. Creo que tienes razón. Después de todo no lo hice tan mal…

Sonrío. La sesión continúa en un clima menos tenso. Se va calmando. Y mientras habla, mi mente se aparta hacia otro sitio. No puedo dejar de preguntarme: ¿Qué disparó este episodio? ¿Qué relación tiene con el anterior? ¿Por qué otra vez en el trabajo?

Pero no soy yo sino ella quien tiene la respuesta a esas preguntas. Siento una inquietud. Sé que nos estamos acercando a algo importante. Evalúo la situación y decido que hoy no es el momento para avanzar. Se está recuperando de un hecho muy duro y debo priorizar el tiempo de la paciente por sobre la ansiedad del analista. De todos modos, también Norma había vislumbrado la cercanía de algo trascendental. Y no iba a detenerse.

Cuando Norma dejó mi consultorio llamé al psiquiatra que la atendía. Hablamos sobre lo ocurrido y decidimos no hacer cambios. Al fin y al cabo, iba progresando. Yo no podía asustarme como ella por esta recaída. Los tropiezos forman parte del tratamiento. Por eso no variamos la medicación que estaba tomando ni aconsejamos una nueva licencia en el trabajo. Ella, al menos eso creía yo, estaba preparada para enfrentar este presente. Con esfuerzo, con un costo de angustia. Pero era la oportunidad de no ceder el territorio ganado por temor. El miedo era su síntoma. No podía permitir que fuera el síntoma que guiara el análisis.

El diván es metáfora. Símbolo de un camino lleno de dificultades. El paciente vuelca en el consultorio sus emociones. En lo personal, el impacto de esas emociones siempre me ha conmovido, y parte de mi praxis es abstenerme de los sentimientos que me invaden para dirigir la cura, para que el proceso no se contamine. El analizante vuelca sus síntomas y debo transformarlos. De ese modo puedo devolver al paciente algo distinto. Algo que lo lleve a resolver en lugar de repetir su sufrimiento.

En el análisis no hay certezas. Todo sujeto es único y debe respetarse la singularidad de cada uno. No podía estar seguro de que mi decisión fuera la correcta. Pero mi trabajo se parece al del cirujano. Intento reducir el riesgo al mínimo, aunque debo estar alerta ante la posible aparición de lo inesperado. Creer que se tiene el caso controlado suele ser un error que puede pagarse caro. Sobre todo en circunstancias como estas, en las que debíamos adentrarnos en un territorio misterioso.

—Norma, quiero que hablemos de lo que pasó el otro día en tu trabajo —le dije a la sesión siguiente.

—¿Es necesario? Ya me siento un poco mejor y preferiría no recordarlo.

Es una reacción esperable. Nadie tiene ganas de volver al Infierno. Pero es el único modo de descubrir la verdad que se oculta tras los síntomas.

—Sí, Norma. Es necesario.

Suspira.

—Bueno. Ya te conté. Taquicardia, transpiración y…

—No —la interrumpo—, no es de eso de lo que quiero que me hables.

Me mira sorprendida.

—¿Entonces?

—Vayamos un poco más atrás. Cuéntame cómo fue ese día.

En su rostro se dibuja una sonrisa de desconcierto.

—Si me lo pides… Déjame hacer memoria. —Piensa un minuto antes de hablar—. Fue un día normal, como cualquier otro. Me levanté a las siete y me metí a bañar. Cuando salí, Facundo ya se había ido a la escuela. Desayuné, leí el periódico y —se interrumpe—, discúlpame, Gabriel, pero ¿esto tiene algún sentido?

Yo no tenía respuesta a esa pregunta.

—¿Te molesta hablar de esto?

—No. Simplemente no sé si quiero gastar el tiempo de mi sesión contándote mi desayuno. —Sonrío—. Está bien, supongo que tú eres el que sabe.

—…

—Bueno, me vestí, me arreglé y me fui al trabajo.

—Hasta ahí todo normal.

—Sí, ya te dije.

—¿Y cuando llegaste?

—También. Nada hacía presagiar el desastre que vino después.

—¿En qué momento empezaste a sentir que algo no andaba bien?

Piensa.

—Estaba con Verónica en la oficina de Ricardo, un compañero de trabajo, tomando café y charlando de cosas sin importancia. De repente, sentí como si una especie de electricidad me recorriera la columna. —Guarda silencio. Solo recordar ese momento le genera angustia. Continúa—: Yo conozco esa sensación. Es horrible. Me empezó a faltar el aire y se me nubló la vista. Pensé en ir al baño a lavarme la cara, pero recordé lo que había pasado la vez anterior y tuve miedo de que se repitiera. Me aterraba la idea de volver a estar tirada en el piso, sola y a oscuras. La puerta del baño se me presentó como la entrada a una tumba. Si entraba, tenía miedo de no salir más. Sé que parece ridículo, pero te juro que fue así.

—Te creo.

Respira profundamente. Está intentando controlar sus emociones y pensar.

—Entonces empecé a temblar. Mis compañeros se dieron un sustazo. Me preguntaban qué me pasaba, y yo solo dije una frase.

—¿Cuál?

—Me muero —balbucea, y comienza a llorar. Enseguida continúa—: Entonces caí al piso. Miré el escritorio, vi el teléfono y casi sin darme cuenta, te llamé. El resto ya lo sabes.

Está angustiada, conmovida por el recuerdo de lo vivido. Pero bajo control. Podemos continuar.

—Norma, ¿cuál es el último pensamiento que recuerdas haber tenido antes de que apareciera la angustia?

Me mira sorprendida. Piensa un poco y niega con la cabeza.

—No tiene sentido.

—¿Cuál es?

—Más que un pensamiento es una imagen.

—¿Cuál?

—Un portarretrato que Ricardo tiene en su escritorio.

—¿Qué hay en él?

—Una foto.

—¿De quién?

—De su hijo, Franco.

—Háblame de esa foto.

—No tiene nada de raro. Es solo un bebé durmiendo en su cunita.

—¿Esa imagen te recuerda algo?

—No.

—A ver, dime lo primero que se te venga a la mente.

Silencio.

—Perdón, pero no se me ocurre nada.

La represión ha impedido toda asociación. Hoy no vamos a seguir avanzando. Pero tenemos algunas pistas: un portarretrato y la imagen de un bebé en una cuna. No mucho más. De todos modos, es la punta del iceberg.

En el encuentro siguiente trabajamos sobre el ataque de pánico que Norma acababa de sufrir. Como lo había hecho en la sesión anterior, indagué acerca de los momentos previos a su aparición.

—No sé. No puedo acordarme de todo —protesta. —No te pido que hagas memoria. Solamente que me digas lo que venga a tu mente sin forzar ningún recuerdo.

Pasan unos segundos antes de que comience a hablar.

—Yo estaba por salir a almorzar y mi jefe me preguntó si podía pasar por una florería a encargar un ramo de rosas en su nombre. Le dije que sí. Me dio el dinero, la tarjeta para adjuntar al ramo y me agradeció. Eso fue todo. Volví a mi oficina a buscar mi bolso y, no sé por qué, empecé a sentirme mal. Ya sabes. No voy a cansarte enumerando los síntomas.

Vuelve a hacer silencio.

—¿Para quién eran las flores?

—Para su mujer.

—¿Qué decía la tarjeta?

La pregunta la sorprende. Piensa, frunce el ceño y baja la cabeza. No sé qué, pero algo la ha impactado. A veces, en análisis, suceden estas cosas. Al seguir el discurso del paciente, las palabras que se cruzan sin pensar impactan en alguna fibra íntima y oculta.

—¿Qué decía, Norma?

—Perdóname… No puedo entender por qué, pero me angustié.

—¿Ahora o en aquel momento?

—Ahora. —Toma aire y continúa—: Era una tarjeta dirigida a su esposa.

—¿Recuerdas qué decía?

Asiente.

—«Por estos cuatro años…». —Su voz se entrecorta—. «De… amor y felicidad».

Norma esconde la cara entre las manos y comienza a llorar desconsoladamente. Le doy unos segundos. No muchos. Es el momento de preguntar.

—¿En qué estás pensando?

Niega con la cabeza.

—No sé —me responde en medio del llanto.

Se me impone una idea.

—Norma, ¿cuánto hace que Esteban está con Natalia?

No responde. Solo su llanto desconsolado se escucha en el consultorio. No necesito la respuesta. Ambos la sabemos. Sostengo un silencio prolongado.

—¿Por qué, Gabriel…, por qué? —me pregunta.

No tengo respuesta a esa interrogante. Trata de respirar profundo para recomponerse. Pero no puede. El llanto vuelve una y otra vez. Tiembla, el rostro permanece entre sus manos. No hago el menor movimiento para no perturbar el encuentro con su dolor.

No es lo mismo la angustia que el dolor. La angustia es previa a la pérdida. Es temor anticipado, es ansiedad por lo que puede ocurrir. El dolor surge después de que el hecho se produjo. Es lucha e intento de ponerse de pie. La angustia y las palabras se excluyen. El dolor necesita de palabras. Las convoca en un intento por comprender lo incomprensible. El pánico es angustioso. La cura dolorosa.

Norma no está angustiada. Está dolida. Y tiene derecho. Ha sido engañada y abandonada por Esteban, el único hombre de su vida, el padre de su hijo. Hace cuatro años él eligió a otra mujer, más joven, profesional, pujante, ante la cual Norma se siente una fracasada. «Soy un fracaso», me había dicho hace tiempo, y yo no había entendido hasta ahora adónde apuntaba esa afirmación.

Es una sesión dura para ella, pero no puedo interrumpirla. Sé, o mejor dicho, el Inconsciente que se construye en análisis, me dice que aún falta algo más.

Espero a que se recupere. Le alcanzo unos pañuelos de papel. Se seca las lágrimas y suspira.

—Norma —digo con mucho cuidado—, me gustaría que volviéramos a la escena en la oficina de Ricardo.

Me mira desconsolada, como si no entendiera por qué quiero seguir revolviendo en su dolor.

—¿Puede ser?

—No sé qué más quieres saber.

—Lo que quieras decirme.

—Estoy aturdida. Me cuesta pensar.

—Lo sé. Pero háblame un poco de lo que ocurrió aquella tarde.

—Ya te conté todo.

—Cuéntamelo otra vez.

Breve silencio.

—Estábamos en la oficina tomando café y empecé a angustiarme sin motivo. No sé qué más puedo decir que no te haya dicho ya. Estoy agotada.

Lo sé, pero debemos seguir. El tiempo del análisis es incluso más importante que el tiempo del paciente.

—Háblame del portarretrato.

—Era una foto del hijo de Ricardo.

Su voz vuelve a quebrarse apenas lo nombra. Ese niño significa algo. ¿Pero qué?

—¿La imagen del bebé te remitió a Facundo? —le pregunto.

—No —responde con seguridad.

Era demasiado obvio. Claro que no podía ser eso. Debe de ser algo más arcaico, más infantil. ¿Pero qué puede significar «el hijo de Ricardo»? De pronto una idea se me impone.

—Norma, ¿cómo me dijiste que se llama el hijo de Ricardo?

—Franco, ¿por qué?

Me tomo un instante.

—Dime ¿cuándo fue la primera vez que escuchaste ese nombre en tu vida?

Me mira como si no comprendiera la pregunta. Pero de a poco su mirada se pierde en el espacio, aunque sería más correcto decir que se pierde en el tiempo.

—Hace mucho. Era muy chica.

—¿En qué circunstancias?

Inspira profundamente.

—Mi papá solía mencionarlo. Te conté que él tuvo que dejar su país y su familia durante la Guerra Civil. A veces se quedaba despierto por las noches, recordando, con la mirada perdida. Y me hablaba de Franco.

—¿Y a qué te remite ese nombre?

Suspira, una lágrima se desliza por su mejilla.

—Al dolor, a la muerte y... —se detiene.

—¿Y a qué más?

—A España.

—¿Qué pasa con España?

Su voz se entrecorta.

—Esteban me dijo que quería que Facundo viajara unas semanas para allá.

—¿Qué le dijiste?

—Que sí, por supuesto. Él tiene derecho a verlo y Facu está muy entusiasmado con la idea.

—¿Y tú?

Me mira. Sus ojos vuelven a llenarse de lágrimas.

—Yo... no quiero ser egoísta... pero... tengo miedo.

Se quiebra.

Imagino lo que debe cruzar por su cabeza. La historia se le ha venido encima. El temor a quedarse definitivamente sola, a que le pase algo a su hijo, a no volver a verlo. Después de todo su padre hizo el viaje inverso y jamás se reencontró con su familia. ¿Desde cuándo sabe acerca del viaje? Estoy seguro de que tiene que ver con el comienzo de sus ataques de pánico, pero no me parece atinado seguir avanzando en esta sesión.

Han sido muchas cosas. Esteban, Natalia, el abandono, los cuatro años, el dolor, España, la partida de Facundo y la sensación de muerte. La miro. Está abatida, pero ha hecho un gran trabajo. Su mirada denota tristeza, pero ya no el terror o la angustia de quien no encuentra sentido a su dolor.

Han pasado dos años desde aquella sesión. Facundo viajó un par de veces a España para ver al padre y Norma ha manejado sus temores con mucha integridad. De modo paulatino y planificado ha dejado de tomar el antidepresivo y solo conserva el ansiolítico al que recurre de vez en cuando. Hemos logrado trabajar el duelo por la pérdida de su relación con Esteban y, si bien salió con algunas personas, aún no ha tenido relaciones íntimas con nadie más. Sigue siendo la mujer de un solo hombre Acude a sesión una vez por semana. Hasta el día de hoy no ha vuelto a tener otro ataque de pánico.

CASO DOS: LUCIANA

VIOLENCIA, IDENTIDAD

2

Luciana entró en mi consultorio como arrastrándose. Cuando le indiqué el sillón en el que debía sentarse lo hizo como si obedeciera una orden. Estaba abatida. Era una mujer joven, de unos 27 años, y se había contactado conmigo a través de un mail sencillo y desesperado.

—Cuéntame por qué estás aquí —le dije.

Sin levantar la cabeza respondió:

—Porque estoy triste.

Y se quedó callada.

—¿Tienes alguna idea del motivo de tu tristeza?

—Sí...

—Dime —la invito a hablar—. ¿A qué se debe? —Breve silencio—. ¿Me lo quieres contar?

Asiente con la cabeza.

—A que nadie me quiere.

Nuevo silencio.

—¿Por qué dices que nadie te quiere?

—Porque es así.

Me doy cuenta de que se va angustiando a medida que habla.

—Y yo sé por qué —agrega.

—¿Ah, sí? Cuéntame. ¿Por qué «supones» que nadie te quiere?

Traté de recalcar esa palabra para marcar, desde el comienzo, una distancia entre su convicción y la realidad. Suele ocurrir que los pacientes llegan a la consulta con certezas acerca de lo que son, o del porqué de su sufrimiento, que no siempre son ciertas. Es la puerta que me abren para ingresar a su mundo. Y por la que acepto entrar. Pero intento tomar distancia de esas creencias para no fortalecerlas.

La subjetividad se constituye a partir de palabras de otros. Todo hombre, toda mujer, está recorrido por ideales ajenos. Mandatos que inconscientemente señalan una dirección a seguir. Un mandato es una frase, una mirada, una actitud de otro que se instala en la psiquis y desde ahí dirige nuestras elecciones.

La indefensión primaria del cachorro humano, su necesidad de cuidado para subsistir lo lleva a hacerse una pregunta: ¿Cómo debo ser para que me quieran y me cuiden? Todos armamos una respuesta a partir de la cual encaminamos la vida. Intuyo que las respuestas de Luciana le indican un rumbo de dolor.

Repito la pregunta.

Luciana levanta la cabeza y me mira. Sus ojos se llenan de lágrimas. Trata de hablar, pero no puede pronunciar una palabra. De pronto empieza a llorar de un modo casi compulsivo. Se tapa la cara con las manos y su llanto invade el consultorio. Pero no es un llanto triste. Es un llanto cargado de angustia. Un llanto verdadero porque, como dijo Lacan, la angustia es la única emoción que no engaña.

Alguien puede creer que ama, o que odia y equivocarse. Pero cuando se siente angustiado no hay error posible. Porque la angustia ancla en el cuerpo. Lo invade, lo lastima. Se percibe en el pensamiento obnubilado, en la respiración acelerada, en las piernas que amenazan con dejarlo caer.

Permanezco en silencio. Ella continúa llorando. Se pasa el dorso de la mano por los ojos y las lágrimas le mojan el puño de la camisa. Intenta volver a hablar, pero no puede. Aprieta los ojos para detener el llanto, sin conseguirlo. Suspira varias veces para calmarse.

—¿Qué pasa, Luciana?

—Pasa que soy mala, que nadie me quiere porque soy mala —dice, y se quiebra de nuevo.

—¿Por qué dices eso?

—Porque es así —intenta hablar, pero sus palabras salen entrecortadas—, porque soy mala —repite—. Y mira. Mira lo que me pasa por ser mala.

Permanezco expectante. De pronto baja la cabeza, tiene un nuevo estallido de llanto y, con profunda vergüenza, desabrocha un botón de su camisa, la mueve apenas y deja ver un enorme moretón en su pecho izquierdo. Me quedo sin palabras. Es la prueba inconfundible de que ha sido agredida.

—Luciana —digo todavía conmovido—. A ti te están golpeando.

—Sí —confiesa y llora—. Porque soy mala. Y yo no quiero ser así. Por favor —me mira suplicante—, ayúdame a dejar de ser así. Yo no quiero ser quien soy.

Resulta impactante tener enfrente a una mujer golpeada. Y no es común toparse al comienzo de una primera entrevista con tanto desborde de angustia y con un pedido tan desesperado. Luciana creía que merecía ser castigada por su maldad y quería que la ayudara a dejar de ser quien era. Y esta súplica venía desde el fondo de su ser. Había un auténtico deseo en su pedido, había una verdad que se encarnaba en sus palabras y sus lágrimas. No se trataba de que ella no quería ser *como* era; Luciana no quería ser *quien* era. Eso estaba claro. Pero ¿quién era en realidad?

Yo no lo sabía y, por lo que pudimos comprobar tiempo después, hasta ese momento Luciana tampoco.

Decidí tomarla como paciente después de nuestro segundo encuentro. Casi nunca tomo esa decisión tan rápido. Por lo general espero cuatro o cinco entrevistas para hacerlo. Pero sentí que ella necesitaba un lugar en el cual fuera aceptada para poder hacer algo con su dolor, y resolví darle ese espacio. Esto tuvo un efecto rápido y la ayudó a bajar el nivel de angustia con el que había llegado.

La angustia y la palabra se excluyen. Por eso, la angustia disminuye cuando el paciente comienza a hablar. Aunque lo haga de modo imperfecto. Al comienzo, no puede ser de otra manera. No importa. Poder decir acerca del dolor expulsa la angustia del cuerpo y produce una sensación de alivio inmediato. A pesar de que todavía no hayamos abordado ningún tema fundamental, es común que los pacientes vengan a la segunda o tercera sesión y manifiesten estar mejor. Es una señal alentadora. Marca un buen pronóstico para el tratamiento, porque implica que el analista pudo generar un espacio que contenga el padecimiento, y que ese espacio ya ha comenzado a funcionar.

Luciana trabajaba en un estudio de arquitectura y vivía con su novio, Nacho, en un departamento que alquilaban en la zona de Quilmes. Tenía dos hermanos, Walter, de 30, y Viviana de 32. Su padre había muerto hacía ocho años y su madre seis meses antes de que Luciana viniera a verme.

—Mi familia está enojada conmigo —me dijo en una sesión, bastante tiempo después, cuando ya no había vuelto a hablar de las agresiones.

—¿Por qué?

—Porque yo abandoné a mi mamá cuando se enfermó.

—¿Y por qué hiciste eso?

—Es que no me di cuenta.

—A ver, habla un poco más acerca de eso.

—Lo que pasa es que yo no me di cuenta de que estaba mal.

—¿Qué cosa estaba mal, Luciana?

—Irme a vivir con mi novio. Yo no pensé que de esa manera estaba abandonando a mi mamá.

Nos quedamos en silencio.

—Déjame ver si te entiendo —le digo—. Lo que en realidad hiciste fue irte de tu casa para vivir con tu novio. ¿Es correcto?

—Sí.

—En esa época tu mamá estaba enferma.

—Sí.

—Y tú te fuiste y no volviste a verla nunca más.

Me mira sorprendida.

—¿Qué dices? Claro que volví.

—Pero ¿muy de vez en cuando?

—No. Todos los días. Incluso tuve muchos problemas con mi novio por eso.

—Cuéntame.

—Antes de entrar al trabajo pasaba a verla, y al salir también. Le preparaba la cena, le daba de comer y recién después me iba al departamento de Nacho.

La miro.

—¿Qué pasa?

—Nada. Continúa, por favor.

Dejo pasar el modo en que llama a su casa: «el departamento de Nacho». No quiero detenerme en eso. Por ahora prefiero trabajar la cuestión de su madre. Ya retomaremos el tema más adelante.

—Y entonces ¿por qué dices que la abandonaste?

—Porque mis hermanos me lo hicieron ver.

—¿Qué te hicieron ver tus hermanos?

—Que yo me fui de mi casa cuando mi mamá estaba enferma. Que la abandoné. Que yo me tendría que haber quedado a cuidarla.

—Ya veo. Y dime: ¿ellos dónde viven?

Me mira como si mi pregunta fuera improcedente.

—Walter con su mujer y Viviana con el marido y los dos niños. Pero ¿eso qué tiene que ver?

—¿Ellos también abandonaron a tu mamá?

—No. Ellos no. Ellos tienen su hogar.

Este es el momento preciso. Después de todo, el tema no se hizo esperar mucho.

—Claro, ellos tienen un hogar, y tú no. Tú vives «en el departamento de Nacho», ¿no?

—Sí.

Luciana no entiende la ironía que conlleva mi pregunta. Para ella es tan normal sentir que esto es así que no percibe la incoherencia en el planteo de sus hermanos y en su propio pensamiento.

Por lo general, quienes fueron criados en ámbitos de culpa y maltrato no aprendieron a dar lugar a sus deseos y sienten que no tienen derechos. Para ellos, la vida es una suma de obligaciones. Y no importa lo bien que cumplan con ellas. Nunca será suficiente para conformar a los demás o a ellos mismos. Porque esas voces que antes lastimaban desde afuera, ahora están incorporadas y, desde el Inconsciente, siguen generando angustia y dolor. Por mucho que se esfuercen, siempre se sentirán en falta. Cuando esto ocurre no hay espacio para ser feliz. Era el caso de Luciana. Su madre y sus hermanos se encargaron de marcarla con el estigma de la culpa. Ella era la culpable de todo lo malo que ocurría en la familia. Y no importaba cuánto se esforzara, jamás satisfacía las demandas de su familia.

En casos como este, el primer trabajo que debo realizar es cuestionar esos argumentos y, sobre todo, tratar de que el paciente los ponga en duda. Es un proceso difícil. El lugar del culpable, del chivo expiatorio, es sufriente. Pero es al menos un lugar dentro del esquema familiar. Y Luciana se aferraba a él con todas sus fuerzas.

—A ver, Luciana, contéstame lo que te voy a preguntar. Pero presta mucha atención, porque quiero que pienses bien en lo que estamos conversando.

Hago esta exhortación porque, a pesar de que es una mujer inteligente, cuando entran en juego temas sobre los que se han formado juicios previos o remiten a mandatos externos, por lo general se pierde la capacidad de razonar con coherencia.

Heidegger dijo que el *dasein*, el ser humano, vive en el mundo de «el *se*». Piensa lo que se piensa, lee lo que se lee, cree lo que se cree. La sociedad impone ideales que deposita sobre nuestros hombros y cargamos con gran esfuerzo. Algo parecido ocurre con los mandatos familiares. Nos dicen cómo debemos comportarnos, qué debemos sentir y cuál es la forma correcta de responder para no desobedecer esos mandatos. Por eso resulta tan complicado pensar con libertad.

A Luciana iba a costarle. Tenía que llevarla paso a paso.

—Walter y Viviana eran tan hijos de tu madre como tú, ¿no?

—Sí, de mi mamá sí.

La respuesta me sorprende, me desubica por un instante. Esa frase abre una grieta y tengo que decidir si me interno en ella o continúo por el camino que habíamos iniciado. Luciana me mira expectante y no tengo mucho tiempo para decidir. Normalmente seguiría el devenir del discurso y preguntaría por esta grieta que el discurso de Luciana ha generado. Pero por tratarse de una paciente en estado de urgencia —todo paciente que atraviesa una situación de violencia lo está—, resuelvo señalar lo que apareció sin desviarme del tema que veníamos trabajando.

—Me dices que «de tu mamá sí». Después quiero que volvamos sobre este tema, ¿de acuerdo? —Silencio—. ¿De acuerdo, Luciana? —Asiente con la cabeza—. Entonces quedamos en que, al menos en lo que a tu mamá se refiere, los tres deberían tener los mismos derechos y las mismas obligaciones, ¿no?

Piensa unos segundos.

—No.

—¿Por qué no?

—No sé, no es lo mismo.

—¿Por qué no es lo mismo?

—Porque no…

—¿Y por qué no? —insisto. Se incomoda. No dice nada más, y yo tampoco. Por unos segundos—. ¿Y… es o no es lo mismo?

No responde. Baja la mirada y me doy cuenta de que un aluvión de emociones, de ideas, tal vez de recuerdos, están pasando por su mente. Su respiración se hace rápida, agitada. Se muerde el labio inferior y aprieta los ojos, un gesto de Luciana que aprendí a conocer. Suele hacerlo cuando se angustia o se enoja. Y me parece que esta vez la invaden ambas emociones.

—¿Sabes qué creo? —Retomo la palabra—. Que tú siempre sentiste que eras la única que tenía la obligación de cuidar a tu mamá. Me parece que tus hermanos te hicieron creer eso y es probable que tu mamá también. —Asiente—. Entonces, tú asumiste ese lugar, y esto fue cómodo y funcional para todo el mundo.

—Menos para mí.

—Exacto. Menos para ti. —Silencio prolongado—. Dime qué piensas. —Niega con la cabeza—. Sí, Luciana. Dilo.

La invito a hablar. Sé que debe de estar invadida de afectos encontrados y que solo poniéndolos en palabras podrá sacarlos del cuerpo para que no la lastimen.

—¿Qué? —insisto.

—Que soy una idiota. Que hace meses que sufro porque mis hermanos no me hablan y ni siquiera atienden mis llamadas porque están enojados conmigo. Y a lo mejor soy yo la que debería estar enojada con ellos. Después de todo, yo hice lo que pude. Yo no maté a mi mamá, ¿o sí?

Tiene los ojos rojos y las lágrimas empiezan a deslizarse por su cara. Me mira suplicante. Yo le sostengo la mirada. Podría responderle ahora mismo y calmarla, decirle que es obvio que no mató a su madre, que ha sido una buena hija. Sé que eso la aliviaría mucho. Pero se trata de un momento muy especial, inaugural en su vida. Por primera vez se está dando el derecho a enojarse con sus hermanos, con su madre y con ella misma por cómo se manejaron las cosas. Entonces decido que no debo calmarla, que aún hay cosas que ella puede sacar de esta experiencia.

—Bueno —le digo—, dejémoslo aquí.

Me pongo de pie. Ella me mira asombrada. Consulta su reloj y vuelve a mirarme.

—¿Qué? Pero si hace menos de media hora que llegué. Tengo un montón de cosas dándome vueltas en la cabeza.

—Por eso mismo. Dejémoslo aquí.

No puede creer que interrumpa la sesión en ese instante. Está nerviosa. Toma su bolso que había dejado en el piso y busca torpemente algo. Después abre su cartera color rosa, con un dibujo algo infantil. Percibo su enojo. Cuenta el dinero y me lo entrega. Se levanta y se dirige hacia la puerta sin despedirse. Me acerco a darle un beso para despedirla, como de costumbre. Aleja la cara.

—Luciana, ¿pasa algo?

—Sí.

—Dime.

—No puedo.

—Inténtalo.

—No puedo —alza la voz.

La miro y abro mis manos.

—Bueno, es una pena que no puedas decir lo que sientes. A lo mejor si hubieras aprendido a hacerlo, te hubieras ahorrado muchos dolores. —Le abro la puerta—. Hasta el miércoles.

Durante aquella semana pensé mucho en Luciana. Sabía que aquel corte de sesión iba a movilizarla. Por eso mismo había decidido hacerlo. Y sabía también que algo iba a provocar. ¿Qué? No podía preverlo con exactitud.

Confiaba en que no llevaría a cabo ningún acto grave. No era una paciente con ideaciones suicidas ni tendencia al consumo de drogas o alcohol. Tampoco tenía una personalidad depresiva o maniaca que hiciera temer algún comportamiento peligroso para ella. Pero no descartaba que nuestra relación pudiera deteriorarse. Así es el análisis. A veces, los analistas tomamos decisiones con las cuales ponemos a prueba, no solo al paciente, sino al vínculo terapéutico mismo. Si el paciente resiste, avanza algunos pasos; si no, es posible que interrumpa el tratamiento. Por suerte, esto no ocurrió con Luciana.

—El otro día me fui muy enojada de aquí —dice al iniciar la sesión.

—Me di cuenta.

Sonríe.

—¿Sabes qué hice?

—No.

—Llamé a mis hermanos.

—¿Te volvieron a cortar?

—No. Esta vez no les di tiempo.

—Cuéntame qué pasó.

—Los mandé a la mierda. —Se ríe.

—¿Qué te resulta tan gracioso?

—La reacción de ellos. No lo podían creer. Y ¿sabes algo? Desde que pasó eso me llamaron todos los días.

—¿Y tú qué hiciste?

—No los atendí un carajo —agrega y estalla en carcajadas. Su risa me contagia y me río también—. Mira, tú…

—¿Qué?

—Qué loca es la vida.

—¿Ah, sí? ¿Por qué?

—Y… ¿quién iba a decir, no?

—¿Qué cosa?

—Que la semana pasada, cuando me fui, te estaba odiando. Incluso pensé en no venir más. Y ahora nos estamos riendo juntos.

—Tal vez porque ese odio que sentías no tenía nada que ver conmigo. ¿No?

—Puede ser.

—Y si ese enojo no era contra mí, ¿en contra de quién era?

—Obviamente contra mis hermanos. —Pausa—. Cuando me fui de aquí me quedé pensando en lo que habíamos conversado y creo que yo estaba equivocada.

—¿En qué estabas equivocada?

—Yo creía que era la única responsable de cuidar a mi mamá.

—Y no era así.

—No. Ellos se fueron y me dejaron sola con ella en esa casa vieja, húmeda, con olor a muerte. Donde habían pasado tantas cosas…

Es muy fuerte lo que está diciendo.

—¿Qué cosas?

Silencio.

—Ahora no quiero hablar de eso. Por favor.

Es evidente que ha rozado un tema importante, pero después del final de nuestra última sesión, es más importante que pueda recomponer su vínculo conmigo. Por eso accedo.

—Como quieras.

Ella se toma unos segundos y continúa.

—Y yo me quedé. Y acepté ese lugar de mierda.

Se queda callada otra vez, con la vista perdida, como si mirara hacia un lugar lejano o, tal vez, hacia un tiempo lejano.

—¿En qué te quedaste pensando?

—En que ese fue siempre mi lugar. Antes de que se fueran mis hermanos, antes de que muriera mi papá, durante la enfermedad de mi mamá. Siempre fui una mierda… siempre —dice, y se angustia.

—Luciana, tú no eras una mierda. Algunas personas te trataban como si lo fueras, que no es lo mismo.

—Puede ser.

—Y dime: ¿quiénes más te trataban de esa manera?

—Principalmente la familia de mi papá.

—¿Qué pasa con ellos?

—Siempre me despreciaron.

—¿Te trataban mal?

—Peor, ni siquiera me trataban. Cuando llamaban a casa para hablar con mi padre y atendía yo, cortaban.

—Bueno, parece ser que esa es una constante en tu vida.

—Sí. —Sonríe.

—¿Y por qué crees que tenían esa actitud contigo?

No dice nada. Pero una escena de la sesión anterior viene a mi mente. Se me impone de un modo casi prepotente. Yo le había preguntado si sus hermanos no eran tan hijos como ella, y su respuesta había sido: «Sí, de mi mamá sí».

—Luciana, el otro día nos quedó algo pendiente. Te dije que lo íbamos a retomar, ¿te acuerdas? —Asiente—. Lo que me estás contando acerca de la familia de tu papá, ¿está relacionado con ese otro tema? —Silencio—. Luciana, necesito que confíes en mí. Ya sé que me pediste que hoy no, pero para que podamos seguir avanzando es importante que hablemos de esto.

Me mira y percibo un profundo sentimiento de indefensión, ese que mostró en nuestra primera charla. Otra vez aparece ese gesto tan suyo y le tiembla la voz.

—Yo no tuve nada que ver —dice llorando.

—¿Con qué no tuviste nada que ver?

—Fue mi mamá, yo no hice nada, te lo juro.

En el tiempo que llevo trabajando he atendido muchos pacientes. Nunca pude permanecer indiferente ante una persona angustiada. Siempre me resulta impactante. Cada uno lo demuestra a su manera. Algunos lloran o insultan, otros se callan y se sumergen en un mundo oscuro. Lo cierto es que frente a mí, hay alguien que sufre y no sabe cómo detener tanto padecimiento. Yo lo sé. Debe hablar. Y debe haber alguien que esté dispuesto a escuchar su dolor. Ese es mi lugar, mi compromiso. Cuando la angustia aparece en el consultorio, redescubro el porqué de mi profesión.

—A ver, Luciana, cuéntame. ¿Qué fue lo que hizo tu mamá?

Después de un breve silencio:

—Ella y Roberto…

—¿Quién es Roberto?

—Mi papá.

Es la primera vez que se refiere a su padre nombrándolo de esa manera.

—Continúa, por favor.

—Bueno… hacía mucho tiempo que ellos no andaban bien. Y mi mamá se fue.

Se queda callada. No parece la misma paciente inteligente y suspicaz de otras veces. Vuelve a ser aquella niña desprotegida y asustada que me mostró el moretón que le había dejado la agresión de… ¿de quién? Hasta ese momento no me lo ha dicho, pero yo sospecho quién es el autor de esos golpes.

—¿De dónde se fue tu mamá?

—De mi casa. Dejó a mi papá.

—…

—Como a los tres meses y medio volvió. Y mi papá la perdonó.

—¿Y tú qué tienes que ver con este hecho?

Me mira avergonzada. Baja la cabeza y dice temblando:

—Yo nací ocho meses después. Pero no tengo la culpa, Gabriel. ¿No es cierto que no tengo la culpa?

Me mira suplicante. Y esta vez voy a responder a su pregunta.

—Claro que no, Luciana. Tú no tuviste la culpa de nada de lo que pasó.

No dice más. Esconde el rostro entre sus manos y rompe en un llanto angustiado. Yo la dejo llorar. Hay mucho que preguntar sobre lo que está contando. Pero decido que no es momento para hacerlo.

Sin embargo, no voy a dejarla ir así. Compartimos un largo silencio. Diez, 15 minutos, más o menos. No importa. Será el tiempo que ella necesite para irse en condiciones de enfrentar este nuevo desafío que su historia le ha puesto por delante.

Dedicamos a este tema muchas sesiones, y poco a poco Luciana fue reconstruyendo su pasado. No era fácil, porque ninguna de las personas a las que podía consultar estaba dispuesta a hablar del tema. Solo Esther, una amiga íntima de su madre, se encontró con ella en varias ocasiones y la ayudó a armar el rompecabezas. Al parecer, Elena, la madre de Luciana, había tenido un romance clandestino con alguien llamado Fernando. El hombre era español y la relación duró varios años. Elena estaba muy enamorada de él, pero no se animaba a separarse. Hasta que cierta vez, luego de una acalorada discusión con su marido, tomó sus cosas y se fue.

Según los comentarios de su amiga, Elena se entregó a su amor con Fernando de un modo obsesivo. Vivía para él, a punto tal que en todo ese tiempo solo había visitado a sus hijos una vez, a escondidas de Roberto.

A los pocos meses quedó embarazada y Fernando no quiso saber nada de ese hijo. Ella se desesperó e intentó convencerlo, pero él se mantuvo firme. Le dijo que no quería volver a verla y la echó de su casa.

Despreciada, llena de vergüenza y embarazada, Elena decidió volver al hogar.

Su esposo, que la amaba, la perdonó y aceptó ser el padre de ese hijo. Reconoció a Luciana como propia y, a su manera, le dio todo el cariño que pudo. No fue el padre soñado, pero jamás le hizo sentir diferencia alguna con respecto a sus hermanos. No así su familia, que siempre la despreció y la trató como a una bastarda. Según sus propias palabras, como a una «mierda».

Durante los meses siguientes, Luciana fue recomponiendo la relación con sus hermanos. Fue difícil, ya que siempre había sido un vínculo patológico. Pero de a poco empezó a disfrutar de su relación con ellos. Todo se iba acomodando, y hubiéramos seguido trabajando en esa línea si no fuera porque una tarde Luciana apareció nuevamente golpeada.

Tenía un moretón en el ojo izquierdo y la boca hinchada. Apenas la vi, experimenté un sinfín de emociones. Si había sido duro para mí verla golpeada cuando ni siquiera la conocía, ahora, después de tanto tiempo de estar analizándola, con el cariño que le había tomado, se me hizo insostenible y tuve que esforzarme para que mis sentimientos no se interpusieran en mi trabajo.

Existe la creencia de que el analista jamás propone el tema. Que siempre espera a que el paciente decida de qué hablar. No es así. Hay situaciones que requieren la aparición activa del profesional. En esos casos, no hacerlo es un error. Este era uno de esos momentos. La invité a pasar, hice un gesto de negación con la cabeza y le acaricié el cabello.

—¿Qué pasó, Luciana?

Se encoge de hombros y empieza a lagrimear. Con voz entrecortada me pregunta:

—¿Puedes abrazarme?

De nuevo aquella niña desprotegida ha venido al consultorio. Y esta vez me pide un abrazo. No es lo que los libros aconsejan. Pero a veces, es lo que la situación requiere. Luciana está vulnerable, avergonzada y sin nadie más que pueda contenerla.

La abrazo. Ella se apoya en mi pecho y llora un largo rato. Cuando se calma un poco, la acompaño hasta el sillón y le pido que se siente. Hago lo propio.

—Nacho, ¿no?

—Sí.

—Cuéntame, por favor.

—Me da vergüenza.

—Aquí no tienes por qué sentir vergüenza. Sabes que estoy para ayudarte y para tratar de entenderte.

—Sí, pero…

—Luciana, confía en mí.

Al decir esto caigo en la cuenta de que muchas veces utilicé con ella esa frase. Más tarde comprendí que, inconscientemente, había captado la necesidad que ella tenía de un espacio confiable para poder hablar. Un lugar en el cual no fuera juzgada ni agredida. Tal vez por eso había sido una frase que siempre la tranquilizaba y le permitía decir lo que le estaba pasando.

—Gabriel, Nacho es un buen tipo. No vayas a pensar por esto —se señala el labio— que es una mala persona. Es un chico que ha sufrido mucho.

—…

—Lo que pasa es que él a veces me pide cosas…

—¿Qué tipo de cosas?

—Sexuales.

—¿Y qué te pidió esta vez?

Se toma unos segundos.

—Que estuviéramos con otra persona.

—…

—No es la primera vez que lo hacemos —respira profundo—. Pero nunca con conocidos. A veces mujeres, a veces hombres, pero siempre personas que yo no había visto antes y que no volví a ver después.

—¿Y esta vez?

—Esta vez no. El lunes en la noche vino a cenar con Hugo, un amigo. Me dijo que cocinara algo rico. Trajo vino.

No sé por qué, pero algo no me sonaba del todo bien. Ya habíamos compartido muchos encuentros los tres. Pero esta vez era diferente. Hugo me miraba distinto, y Nacho estaba nervioso.

—¿Tú dijiste algo?

—No. Porque pensé que a lo mejor eran ideas mías.

—¿Entonces?

—Cuando terminamos de comer me fui a lavar los platos y Nacho vino a hablarme.

—¿Qué te dijo?

—Que quería que estuviéramos juntos los tres.

—¿Y tú qué le respondiste?

—Yo no supe qué decir. Me quedé callada.

—Pero ¿qué sentías?

—Que no quería eso. Nunca lo había querido, siempre lo había hecho por él, pero bueno, con desconocidos era distinto, ¿no? —No respondo a esa pregunta.

—¿Entonces?

—Nacho me agarró la mano y me llevó al cuarto. Hugo vino tras él. Yo estaba paralizada. Me sentía en medio de un Infierno. Pero no podía reaccionar. Nacho me empezó a besar y de repente sentí las manos de Hugo que me acariciaban desde atrás. Primero el cabello, después la espalda. Yo no podía hacer nada. Hasta que en un momento me levantó el vestido… y me tocó. —Hace una pausa—. Traté de convencerme de que estaba todo bien, que era un rato y listo. Probé pensar en otra cosa, como había hecho las veces anteriores. Pero no pude.

—¿Por qué?

—Porque me vino a la mente algo que tú me dijiste una vez. —La interrogo con la mirada—. En esa sesión cortita, la que me fui enojada, ¿te acuerdas?

—Sí.

—Cuando me estaba yendo, me dijiste que era una pena que yo no pudiera decir las cosas que estaba sintiendo. Que a lo mejor, si hubiera aprendido a hacerlo, me hubiera ahorrado muchos dolores. ¿Te acuerdas?

—Sí, me acuerdo.

—Entonces, pensar en eso me hizo reaccionar y les dije que no quería. Y les dije que no quería. Que me perdonaran, pero que no iba a hacerlo.

—¿Y qué pasó?

—Hugo se puso nervioso y me pidió que lo disculpara.

—¿Y Nacho?

Baja la cabeza.

—Nacho no. Me dijo que me dejara de joder con pendejadas, que no me hiciera la santita, e intentó seguir adelante. Pero yo me puse firme y le contesté que no lo iba a hacer. Hugo salió de la habitación y Nacho me miró con rabia y me amenazó.

—¿Qué hizo?

Hace una pausa.

—Me dijo que después íbamos a hablar.

Silencio.

—¿Y qué pasó después?

—Me desvestí y me metí en la cama. Parece mentira, pero a pesar de lo nerviosa que estaba, me dormí enseguida, como si hubiera querido morirme por un rato. No sé cuánto tiempo habrá pasado porque estaba en un sueño profundo. La cuestión es que me desperté sobresaltada cuando sentí que Nacho me agarraba de los pelos…—Se toma unos segundos. Su respiración se hace más agitada. Respeto esta pausa—. Me dijo que quién carajo me creía yo que era, que cómo lo hacía quedar así con su mejor amigo. Y...

—¿Y qué?

—Y me pegó. —Se señala la cara.

Miro la hinchazón de su labio, su ojo morado y me invade una sensación de furia. Debo calmarme. Respiro dos, tres veces. Y continúo.

—¿Y tú que hiciste?

—Traté de defenderme, pero tenía miedo de enojarlo más. Entonces le pedí perdón. Le dije que entendiera que yo no quería eso. Y me respondió que a él no le importaba lo que yo quisiera o dejara de querer. Fue horrible. Por suerte, después de un rato se calmó y se fue a la cocina. Yo me quedé llorando en la cama. Unos minutos después me trajo un vaso de agua.

—Ajá.

—«Eres una pesadilla», me dijo ya más calmado, y se quedó de pie mirando la escena. Era un desastre. La sábana toda manchada de sangre y yo hecha bolita sobre la cama, temblando y tapada hasta la cabeza. «Mira lo que me haces hacer», se quejó. Se le cayeron algunas lágrimas, y me pidió que no se lo hiciera más. Me dijo que a él no le gustaba pegarme, pero que yo lo había obligado. Se sentó en la cama y se echó a llorar. No sabes cómo. Y yo lo vi así, tan débil, tan desprotegido…

—¿Qué pasó, entonces?

—Lo abracé. Y me pidió que le prometiera que no iba a volver a enojarlo tanto.

—¿Y tú qué dijiste?

—Nada, no dije nada. Nos quedamos un rato largo abrazados. Nos miramos, nos besamos, después me empezó a acariciar y…

—¿Y qué?

—Y terminamos haciendo el amor.

Se hace un silencio tenso, prolongado. Cada tanto Luciana levanta los ojos y vuelve a bajar la mirada, como si estuviera avergonzada.

Estoy enojado. Con Nacho, con la situación y conmigo por no poder moverla de ese lugar. Sin embargo, al hablar, mi voz suena calma.

—Luciana, ¿te parece bien que él te haya pegado?

—No, claro que no. Pero es cierto que yo lo hice enojar.

Pienso un instante. Debo intervenir para quitarle esta idea que tiene acerca de que, en alguna medida, es culpable de lo ocurrido. Sé que está obnubilada, que esto forma parte de una reacción sintomática que se le impone, pero también sé que tiene que pensar acerca de este conflicto. Y para que pueda hacerlo, necesito que se focalice en la actitud de Nacho.

—Luciana, hoy hablaste de aquella sesión que tuvimos hace un tiempo. Y por lo que veo la recuerdas muy bien.

—Sí.

—Cuando volviste a la semana siguiente me dijiste que te habías ido enojada, ¿te acuerdas?

—Sí.

—Seguramente porque yo decidí interrumpir antes de los cincuenta minutos.

—Sí.

—Entonces, podríamos decir que, de alguna manera, yo te había hecho enojar.

Piensa unos segundos.

—No entiendo.

—Contéstame. ¿Te hice enojar o no?

—Sí.

—¿Y por qué no me pegaste?

Se sorprende ante mi pregunta.

—¿Qué dices?

—Si yo te había hecho enojar, ¿por qué no me pegaste?

Se sonríe.

—Porque no estoy loca.

—Ah… —La miro fijo—. Me estás diciendo que para pegarle a alguien, solo porque te hizo enojar, hay que estar loco. Entonces, dime. ¿Nacho está loco? —Silencio—. Luciana, ¿sabes cuál es la característica distintiva de las personas golpeadoras?

—No.

—Que siempre hacen recaer la responsabilidad en la víctima. La culpa es del otro que no les da la razón, que los hace enojar, que no cumple sus caprichos, que no acata sus órdenes, que se olvidó de despertarlo a tiempo y por eso llegó tarde a trabajar, y así podríamos seguir indefinidamente. Pero la verdad es que jamás se hacen cargo de los daños que causan y manejan a la víctima para que se sienta culpable.

—Pero él a veces se hace cargo.

—Sí, me lo imagino. Después de haberte pegado ¿no? Esa es la otra variante. No me digas nada. Yo te lo describo: se pone a llorar, te pide perdón, te jura que no lo va a hacer más, te cuenta que tuvo un pasado terrible. Y tú terminas con la boca hinchada, el ojo morado, consolándolo y teniéndole lástima. Porque, claro… ¡Pobre Nacho, cuánto ha sufrido en esa infancia tan difícil! ¿No es cierto? —Silencio—. Luciana, ¿te acuerdas de lo que me dijiste la primera vez que hablamos? Me pediste por favor que te ayudara a dejar de ser *quien* eras.

—Sí, me acuerdo.

—Bueno, yo quiero ayudarte a dejar de ser quien fuiste hasta ahora. Pero tú, ¿sabes qué fuiste hasta ahora?

Adrede, cambio el *quién* por el *qué* al formular la pregunta. Quiero introducir la idea de que no ha estado en el lugar de una persona sino de un objeto, tratada por todos como si fuera una cosa. Y que eso debe cambiar. Es un momento crucial. Y, para que pueda salir de una situación tan difícil, debo ayudarla a reconocerse como un sujeto. Es decir, como alguien que no está en el mundo para satisfacer los caprichos de nadie sino para cumplir sus propios deseos. Luciana tiene que darse el derecho a elegir lo que quiere para su vida. Un derecho que no le enseñaron que tenía.

Su historia la dejó en un lugar de desecho. Despreciada por su padre biológico, rechazada por la familia adoptiva, no tenida en cuenta por su madre y sus hermanos, y golpeada por su novio. Pero Luciana debe salir de ese rol sufriente. Y el primer paso es llevarla a que reconozca cuál ha sido ese rol.

—¿Lo sabes, Luciana? —Niega con la cabeza—. Yo te lo voy a decir. Fuiste una mujer golpeada, alguien que no puede elegir qué quiere y qué no quiere hacer con su cuerpo y su sexualidad. Una persona esclavizada al deseo caprichoso de un Otro violento que decide qué está bien y qué está mal, que elige cuándo, cómo y con quién se coge. Y yo quiero que juntos trabajemos para que dejes de ser la que está siempre en el lugar de la mierda, la que todos tratan como a una bastarda y que se siente una idiota.

Estoy tomando sus dichos. Sé que son duros, pero ella los fue desplegando a lo largo de las sesiones. Y ha llegado el momento de devolvérselos para que los escuche. Sin embargo, decido hacerlo en un tono suave, afectivo. No quiero que parezca un maltrato para evitar encarnar en análisis lo mismo que le pasa en su vida. Pero a pesar de mi tono cuidado, reaparece aquel gesto tan personal que delata su estado de ánimo. Se angustia, pero no llora. Me mira fijamente y sin enojo. En todo este tiempo se ha vuelto mucho más fuerte. Por eso ahora puedo decir todo lo que le estoy diciendo.

—Pero para que yo pueda ayudarte —continúo—, tú tienes que cuestionarte un montón de cosas.

—¿Qué cosas?

—Por ejemplo, esto de que Nacho es un pobre chico que ha sufrido mucho y que reacciona así porque tú lo haces enojar. Yo no soy quién para decir si es un buen o un mal tipo. Pero hay algo de lo que estoy seguro: tu novio no puede volver a ponerte un dedo encima. Y para que eso ocurra tienes que dejar de sentir que tiene derecho a hacerlo.

Suspira.

—Eso ya lo sé, pero no sé cómo enfrentarlo.

—Porque le tienes miedo.

Asiente.

—Te entiendo. Pero tienes que saber que hay algo que está por encima de todos los hombres: la ley. Nacho habrá tenido una historia dura, será golpeador, pero no está loco. Si tú te pones firme, si te apoyas en la ley, va a tener que entender.

Se queda pensando un momento.

—Pero ¿cómo hago para vivir en la misma casa con un hombre al que amenazo con que voy a denunciarlo? No voy a poder.

—Tienes razón.

Guardo silencio unos segundos.

—¿Qué estás queriendo decirme? —me pregunta espantada.

—Que, a lo mejor, para salir de esta situación de violencia en la que estás metida, vas a tener que pensar en la posibilidad de dejar de vivir con él.

Me mira. Ahora sí irrumpe la angustia con toda su magnitud. Tiembla, casi no puede hablar, aprieta y retuerce el pañuelo que tiene entre sus manos y aparece nuevamente esa niña desprotegida y asustada.

—¿Y adónde quieres que vaya? Yo no tengo nada, no tengo a nadie, estoy sola en el mundo. No me pidas que haga eso, por favor.

Es un momento difícil para mí. No puedo reaccionar ante sus emociones. Esta vez no.

—Eso no es cierto.

Trato de que mi voz la tranquilice.

—Tienes este espacio, tu análisis. Un lugar que no es fácil sostener y lo vienes haciendo desde hace más de un año.

Hago una pausa. Quiero que piense, que se ubique en el presente para sacarla de ese lugar infantil al cual sus emociones la regresan cada tanto.

—Luciana, yo no me puedo quedar mirando cómo te pegan y, sobre todo, cómo tú te dejas pegar y justificas a tu agresor. Porque al hacerlo, tú misma te pones en ese lugar de mierda que tanto dices que te molesta. Y yo no voy a jugar ese juego. Porque para mí eres muy valiosa. Eres alguien que se sobrepuso a un padre que no la aceptó, a ser la hija ilegítima de una mujer despreciada, a llevar un nombre que no es el suyo, a una familia que ni siquiera le hablaba. Pero, por sobre todas las cosas, eres una mujer. Y como tal, mereces ser respetada. Yo lo sé. Pero parece que tú todavía no. Además, estoy seguro de que afuera hay alguien dispuesto a darte una mano en esta situación tan difícil. Y si no lo hubiera, ¿qué quieres que te diga? Tendrás que aprender a arreglártelas sola hasta que construyas una relación diferente, con alguien que te respete, te quiera, y en quien puedas confiar. Además, ¿quién te dice? Tal vez la soledad, cuando es elegida y no padecida, no sea tan terrible como la imaginas. Mientras tanto, cuentas conmigo. Pero yo estoy aquí, en el consultorio. —¿Cómo explicarle que, como analista, tengo un lugar en su inconsciente? No es fácil, pero debo intentarlo—. Y también en tu pensamiento cada vez que recuerdas algo que hablamos, como lo hiciste para poder decir que no la otra noche, o cada vez que dices: «Esto se lo tengo que contar a Gabriel», y eso es mucho. Pero afuera vas a tener que defenderte tú. Lo único que puedo hacer, si quieres, es acompañarte a hacer la denuncia.

Nos miramos sin decir una palabra. Al cabo de unos minutos me pongo de pie. Ella también. La acompaño hasta la puerta y nos despedimos en silencio.

La violencia es un acto cruel. La persona que sufre maltrato habita en un Infierno. Un Infierno que en algunos casos ha empezado mucho antes de lo que se piensa. Con las primeras agresiones infantiles, con la indiferencia o las humillaciones que hicieron creer a esa persona que no merecía ser amada, o que era culpable de algo. Tiempo después llega alguien que encarna el lugar del verdugo y hace cumplir la condena.

El mundo inconsciente es un abismo habitado por pensamientos absurdos. Y el abismo de Luciana estaba plagado de sentencias dolorosas.

Ella misma me había dado la clave al preguntarme si tenía algo que ver con la traición de su madre. Es decir, que el error, la falta, el pecado que inconscientemente creía haber cometido se encontraba en su propio origen. Ella era la prueba viviente de la infidelidad de su madre, y en su mente, era también el motivo por el cual la mujer no había podido concretar su historia de amor con Fernando. Luciana era la hija no deseada. Y esto había conformado una personalidad insegura y temerosa. No podía ser de otra manera.

El cachorro humano nace en estado de prematuración. Indefenso y con pocas herramientas debe hacer frente a la vida, y no tarda mucho en comprender que para lograrlo necesita de alguien que lo asista. De un Otro que cuide de él, que decodifique sus pedidos y dé sentido a su llanto. Con sus cuidados, sus caricias y sus palabras, este Otro va subjetivando al bebé y le da un lugar en el mundo, a veces bueno, otras no tanto.

¿Por qué alguien aceptaría una labor tan complicada? Por amor. Es decir que, al reconocer al bebé, al hacerse cargo de él, el Otro le confirma que lo ama. El amor es antes que nada un acto de reconocimiento. «Ese es mi hijo». «Esa es mi pareja». «Esa es mi madre». Y así se comunica que se trata de una persona especial.

Por lo general, ese rol trascendente es encarnado por la madre, el padre, o algún adulto significativo en la vida del niño o la niña. Alguien que le transmite que es una persona amada. Reconocimiento que a Luciana le faltó.

Ella llegó a este mundo como un problema indeseado. Para Fernando, que no la aceptó jamás; para su madre, que debió interrumpir su relación con él por causa de este embarazo; para Roberto, que vio en Luciana el corolario del engaño de su esposa; y para su familia paterna, que con su odio hacia ella quiso castigar la infidelidad de Elena y la debilidad de Roberto al perdonarla; para todos, Luciana había sido un problema.

El niño va aprendiendo quién es identificándose con el discurso de los demás y, en este sentido, las frases que los padres dirigen a sus hijos son mucho más importantes de lo que pudiera pensarse. Con Luciana conversamos algunas sesiones acerca de esto y descubrimos que su vida había estado plagada de frases descalificadoras: «Pobrecita», «tú no vas a llegar a nada», «a ella le cuesta» y muchas otras. La más fuerte que Luciana recordaba, aunque yo sabía que debía remitir a otras más arcaicas, se la había dicho su madre cuando ella le informó su decisión de irse a vivir con Nacho.

«Eres una egoísta», le gritó Elena en aquella conversación. «Ahora me abandonas. ¿Sabes todo lo que yo hice por ti, a todo lo que renuncié por tu culpa? Y ahora que estoy enferma me dices que te vas. Eres una puta. Pero vete, que ya vas a volver solita. Porque tú nunca serviste para nada».

Aquella sesión en la que me contó este episodio fue muy productiva. Analizamos cada una de esas frases y descubrimos que ya habían sido pronunciadas de diferentes maneras a lo largo de su vida. Recuerdo que a ella le costó mucho enojarse con su mamá, porque, según sus palabras, «era lo único que tenía».

—¿Así que te dijo que eras una puta porque te ibas con un hombre?

—Sí.

—Luciana, ¿de quién estaba hablando tu mamá en realidad?

—De mí.

—¿Estás segura?

—No te entiendo.

—Tú eras soltera, no estabas engañando a nadie al irte a vivir con tu novio.

—Sí, es cierto.

—Dime, según la mentalidad de tu madre y sus propios dichos: ¿quién se comportó como una puta al irse a vivir con un hombre estando casada? ¿Quién abandonó a su familia? ¿Quién tuvo que «volver solita» a su casa? ¿Tú?

Se queda un instante en silencio.

—Dime qué piensas.

—No puedo.

—Sí puedes.

—No, no puedo.

—¿Quieres que te ayude? —Asiente—. ¿Estás pensando acerca de la actitud de tu mamá contigo?

—Sí.

—No estuvo bien, ¿no?

—No. No estuvo bien.

—¿Cómo sientes que se comportó? —Silencio—. Luciana, si ni siquiera te animas a decirlo aquí, va a ser muy difícil que podamos resolverlo.

Toma aire y derrama unas lágrimas.

—Mi mamá… mi mamá se portó como una hija de puta conmigo. Eso es lo que pienso. Yo no tenía la culpa de sus errores.

—Tienes razón.

—¿Y por qué entonces se la agarró conmigo?

Existe un mecanismo de defensa llamado *proyección* que consiste en expulsar el malestar, poner fuera algo que molesta dentro, investir a otra persona de emociones que nos pertenecen. Es típico de la infancia. Es el niño que se golpea la cabeza y dice: «Mesa mala». Es el adulto que raya el coche en un estacionamiento y se enoja con la columna. Algo parecido había hecho Elena. Proyectó su frustración y su enojo en Luciana, y a partir de ese momento, su hija fue la responsable de todos sus males. Pero no es momento de explicar esto a mi paciente.

—Porque a veces la gente hace ese tipo de cosas. Incluso las personas que más queremos. Y tienes todo el derecho de enojarte.

—Pero entonces nadie me quiso nunca —se derrumba—. Ni siquiera mi mamá. ¿Por qué nadie me quiso, por qué nadie me quiere? Al final, ella tenía razón.

—¿En qué?

—Cuando me dijo que yo nunca serví para nada.

Habíamos tenido sesiones muy duras, sin embargo, jamás la había visto tan destruida. Los ojos rojos, el rostro empapado por las lágrimas, su mano tensa que tomaba el pañuelo con el que infructuosamente se sonaba la nariz.

—Luciana. —No me mira, no reacciona—. Luciana, escúchame. —Le doy unos segundos más—. Quiero decirte algo.

—¿Qué?

—¿Me estás escuchando?

—Sí.

—Lo que tu mamá te dijo no tiene que ver contigo, sino con lo que a ella le pasó contigo.

Me mira extrañada. Lo dije deliberadamente de un modo no del todo claro. Necesitaba recuperar su atención, y creo que lo conseguí.

—No te entiendo.

—Me parece que lo que tu mamá estaba diciendo no es que tú no servías para nada, sino que tú no *le* serviste para nada a la hora de concretar sus deseos.

—…

—No le serviste para formar una familia con Fernando, no le serviste a la hora de ser perdonada por su familia política y, tal vez, no le serviste para que pudiera ella misma olvidar su traición, su infidelidad y su frustrado amor.

Asiente. Lo está procesando. Su pensamiento vuelve a ponerse en movimiento y el aluvión emocional retrocede.

—Pero —continúo—, ¿quién te dijo que viniste a este mundo para servirle a los demás? A ella y su fracaso amoroso, a tus hermanos y su deseo de tener quien se haga cargo de lo que ellos no podían o no querían enfrentar, a Nacho y su obsesión por concretar sus fantasías sexuales. No, Luciana, tú no tienes obligación de realizar los deseos de nadie, excepto de una persona.

Breve silencio.

—¿De mí?

—Sí. De ti. Y, hasta ahora, es una deuda pendiente. Sería bueno que nos dedicáramos a eso, ¿no te parece?

Asiente con la cabeza y me regala una sonrisa. Se la agradezco en silencio.

Unos meses después se produjo un nuevo incidente con Nacho. Ella había estado trabajando mucho acerca de este tema y de la necesidad de darse un lugar diferente.

—¿Qué pasó, entonces?

—Le dije que si me tocaba un pelo lo iba a lamentar toda su vida.

—¿Y él qué hizo?

—Me miró con asombro, estaba descolocado. Me preguntó qué quería decir con eso. Y le dije que lo iba a denunciar, que me había estado asesorando y que no iba a dudar en mandarlo preso si me volvía a pegar. Nacho me dijo que yo no iba a ser capaz de hacerle algo así, y le respondí que no era nada al lado de todo lo que él me había hecho en este tiempo.

—¿Y qué sucedió?

—Para mi asombro, nada. Me dijo que era una hija de puta desagradecida y se fue. A las dos o tres horas volvió y se metió en la cama. Me dijo que estaba enojado y le respondí que yo también. Después de unos minutos en silencio me quiso abrazar y lo rechacé. Me levanté y me fui a dormir al sillón del comedor, pero antes le pedí que por favor no viniera, que al otro día íbamos a conversar más tranquilos.

—¿Cómo te sentiste?

—Mejor que nunca.

—Es lo que suele ocurrir cuando uno se hace respetar.

—Gabriel, yo no sé si voy a poder seguir viviendo con Nacho.

—¿Y qué te pasa con ese tema?

—Me da un poco de miedo. Pero bueno, tengo que crecer, ¿no?

Sonrío.

—Ya creciste mucho en este tiempo, Luciana. Estoy muy orgulloso del camino que hemos recorrido juntos.

—Gracias. Yo también.

Su mirada ha cambiado. Su sonrisa es otra. Sé que los monstruos siempre están vivos, pero, así como antes aparecía aquella chiquita asustada, hoy apareció, por primera vez, una mujer capaz de hacerse cargo de sí misma. Tal vez un esbozo, algo aún por construir, pero una fotografía anticipada que me permitió ver a la Luciana posible. Y hacia allí iríamos.

—Quiero decirte que a partir de la sesión que viene, vamos a introducir un cambio en nuestro encuadre.

—Dime. —Me mira expectante.

—Vamos a empezar a trabajar con el diván.

—¿En serio? —Deja escapar una risita—. ¿Y eso es bueno o es malo?

—Tú ya sabes.

Compartimos una mirada cómplice, la última de nuestro trabajo cara a cara, y nos despedimos. Comenzaba una nueva etapa.

* * *

En este nuevo periodo del análisis de Luciana apareció una figura que resultó fundamental. Esther, aquella amiga de su madre a la cual se había acercado en busca de datos que le permitieran reconstruir su pasado, había quedado en contacto con ella. Era una mujer cálida y protectora, que de inmediato comprendió la soledad y las carencias que Luciana tenía y se fue convirtiendo de a poco en una especie de amiga mayor o, más exactamente, en una madre sustituta. El hecho de que Esther no tuviera hijos tal vez ayudó para que surgiera este impulso de proteger y cuidar a la hija de su amiga. A su modo, también Luciana fue su hija sustituta.

La relación con Nacho ya no daba para más. Ella no había permitido que él volviera a golpearla ni se había prestado a cumplir sus fantasías sexuales. Y, a medida que Luciana se hacía más fuerte, su relación se debilitaba. Hasta que un día tomó la decisión de irse. Pero ¿adónde? Ese tema que tanto la angustiaba encontró una solución tan inesperada como beneficiosa.

—Esther me dijo que, si quiero, puedo irme a vivir con ella. Tiene un departamento grande, de tres áreas principales, y vive sola. Es más, me dijo que le daría una gran felicidad.

—¿Qué vas a hacer?

—Me parece que en este momento es la mejor opción que tengo. La verdad es que nos llevamos muy bien. Yo la quiero de verdad y ella a mí también. Va a ser bueno no tener que pagar una renta, si bien le dije que voy a cubrir la mitad de los gastos. Además, ¿quieres que te diga algo? Me parece que ella está deseosa de tener con quien compartir esta etapa de su vida. Y creo que tengo cosas importantes para darle.

Qué placer escuchar decir esto a una paciente que, hasta hace unos meses, se desangraba en el consultorio diciendo que no servía para nada y que no había nadie en el mundo que la quisiera.

Así fue como Luciana dejó a su novio y se instaló en casa de Esther, y casi podría asegurar que esta fue, hasta ese momento, la mejor etapa de su vida. Porque la mujer se comportó como una madre y la ayudó a armar un modelo de relación que Luciana desconocía.

Salían de compras, paseaban, se esperaban con la comida, alquilaban películas que veían juntas, se quedaban conversando hasta tarde. Esta relación se volvió tan fuerte que generó en Luciana algunos sentimientos de culpa.

—Culpable ¿por qué?

—Porque siento que la quiero más que lo que quise a mi mamá. Creo que si ella se enfermara yo no podría irme de su lado como lo hice con mi madre.

—A lo mejor Esther se lo ganó.

—¿Y mi mamá no?

—¿Tú qué piensas?

—Que es así.

—Entonces no tienes por qué sentirte mal.

—Pero igual siento que estoy siendo mala con mi mamá.

—Mira, lo importante en la vida no es ser bueno o malo, sino justo. A veces, para ser justo, hay que ser bueno y a veces hay que ser malo.

—No entiendo.

—Imagínate que le dices a un niño que si no hace la tarea no sale. Y él no la hace. En la tarde lo vienen a buscar sus amigos. ¿Qué haces? ¿Lo dejas salir o no?

—No sé.

—Lo justo sería que no, aunque estarías siendo mala. Pero si eres buena y lo dejas, le vas a transmitir un ejemplo de incoherencia que a la larga va a ser perjudicial para él, y además le vas a quitar la oportunidad de aprender algo imprescindible: que uno debe hacerse cargo de sus actos. ¿No te parece?

—Sí.

—Bueno, en la vida muchas veces alguien puede enfrentarse ante la disyuntiva de ser o no ser justo. Y elige. En este caso, lo justo parece ser que quieras más a Esther que a tu mamá. Suena malo para con ella, pero no sería justo con Esther que la trataras igual o peor que a tu mamá solo por culpa. Porque Esther se comportó contigo con un cuidado y un amor que desconocías. Sería bueno que te permitieras quererla sin culpas. Ella se lo merece. Y tú también.

Luciana fue armando una nueva familia junto a Esther. Nacho la molestó durante algún tiempo escribiéndole correos electrónicos y dejándole mensajes. Alguna vez, a la salida de su trabajo, lo vio en la esquina, lo cual la asustó mucho.

—No sé qué hacer.

—¿Qué querrías hacer?

—Querría que no me molestara más.

—Pero, si lo dejas en sus manos, eso no va a suceder. Algo vas a tener que hacer.

—¿Qué?

—¿Cómo resolviste las cosas hasta ahora?

—Enfrentándolas.

—Habrá que hacer lo mismo.

—Dame tiempo.

—Luciana, son tus tiempos, no los míos. Tómate todo el que necesites, tú eres la que sufre, no yo.

Decidió agregar a Nacho a sus correos no deseados y cambiar el número de su celular. Esto funcionó bien hasta que un día él volvió a aparecer por su trabajo.

—Lo vi y me asusté. Caminé hacia el otro lado aprovechando que no me había visto. Pero al dar vuelta a la esquina me detuve y pensé que no podía vivir escapándome toda la vida.

—¿Y qué hiciste?

—Volví y fui a encararlo. Te juro que temblaba por dentro, pero me dije: «Luciana, no se te tiene que notar». Me paré frente a él y sin preguntarle nada le dije que era la última vez que quería ver su cara. Que no volviera a molestarme y que no iba a darle otra oportunidad.

—¿Qué hizo?

—Me miró asombrado y me preguntó si estaba loca. Yo le respondí que loca estaba cuando lo dejaba hacer conmigo lo que quería. En un momento me miró con una cara que ya le conocía, esa que ponía cuando se alteraba.

—¿Te asustaste?

—Sí, claro, no estoy loca. —Sonríe—. Pero sabía que era mi oportunidad.

—¿Y qué hiciste?

—Le mentí. Le dije que no le tenía miedo. Que era un cagón que se hacía el valiente con las mujeres. Que me bastaba a mí misma para defenderme de él y que, si esto no era suficiente, siempre estaba la posibilidad de hacerlo encarcelar. Me miró, me insultó y se fue.

Suspira aliviada.

—Luciana, diste un gran paso, ¿te das cuenta?

—Sí, y estoy feliz.

—Me parece muy bien. Te lo mereces.

Pasaron varios meses y Luciana disfrutaba de esta nueva realidad que había construido. Esther era una mujer maravillosa que la quería y la cuidaba, y juntas vivían en un oasis de cariño y buen trato.

Por fin Luciana estaba tranquila, peligrosamente tranquila. En una comodidad que amenazaba con detener su proceso analítico.

Empecé a notar que las sesiones se sucedían y no aparecía nada nuevo. Me costaba concentrarme. Por momentos me aburría. Luciana llegaba, me contaba lo bien que se sentía y se iba. Incluso me cuestioné si debía continuar con el análisis. Ella estaba, en apariencia, donde quería. Pero había algo que no terminaba de cerrarme.

—¿Cuánto hace que no sales con alguien?

—Ayer. Fuimos con Esther al cine.

—No te hagas la tonta. Hablo de salir con un hombre.

—¿Mi hermano no cuenta? Porque a él lo vi el sábado.

—No, no cuenta.

Sonríe.

—¿Sabes qué pasa, Gabriel? Estoy tan tranquila, tan en paz, que no quiero complicarme la vida.

—Te entiendo, y si es así estás en todo tu derecho. Lo que me inquieta es la posibilidad de que te estés aislando por miedo.

—La verdad es que algo de eso hay. Pero ya conoces el refrán: el que se quemó con leche, hasta al jocoque le sopla.

—Sí, lo conozco. Pero eso pasa porque todos los lácteos son lo mismo. En cambio, los hombres no son todos iguales.

—Mira, a mí no me fue bien. Y no lo digo solo por Nacho. Empezando por mi padre biológico que me rechazó, siguiendo por mi papá adoptivo que me ignoró, pasando por mi hermano que siempre me echó la culpa de todo y terminando con mi novio que me golpeaba y me enfiestaba. ¿Qué quieres que te diga? ¿Tú seguirías intentando con otro hombre?

—Por suerte no tengo que responder a esa pregunta, porque lo importante aquí no es lo que yo haría, sino lo que tú vas a hacer. ¿Vas a seguir intentando o no?

—No sé, es la verdad.

—Está bien. Pero piensa que no todos los hombres son violentos. Es más, la mayoría no lo son. Y piensa también que tú ahora eres una mujer diferente. Que se valora, que se quiere y que aprendió a hacerse respetar. ¿Quién te dice? A lo mejor ahora eliges de un modo distinto. Piénsalo.

Asiente con la cabeza.

—Sabes que lo voy a pensar.

—Muy bien, entonces dejémoslo aquí.

Se ríe.

—¿Qué pasa?

—Que como aquella vez, tuvimos una sesión cortita. Pero no te preocupes, no estoy enojada. Ya entendí cómo funciona esto.

Yo también sonrío.

—Bueno, ya era hora, ¿no?

—Sí, creo que sí.

Un mes y medio después vino a sesión con signos de ansiedad.

—¿Qué pasa? —le pregunté.

—Que venimos hablando hace no sé cuántas sesiones acerca de qué me pasa con los tipos. ¿Qué iba a pasar?

—No sé —finjo—, dime.

Suspira.

—Conocí a un hombre.

—Cuéntame.

—¿Ya ves que te dije que iba a ir con unas compañeras de trabajo a un concierto en el Estadio Monumental?

—Sí, me acuerdo.

—¿Tú fuiste alguna vez a uno?

—No, a un estadio nunca.

—¿Y a otro lugar?

Sonrío.

—Sí, pero no nos desviemos. Sígueme contando.

—Te preguntaba porque cuando vas al campo tienes que llegar mucho tiempo antes. Entonces haces fila, entras, te ubicas y te quedan un montón de horas hasta que empieza el concierto.

—¿Y con eso qué?

—Bueno, que te pones a conversar con la gente que está alrededor, y eso.

—¿Tú con quién te pusiste a conversar?

—Yo sola no. Todas las chicas nos pusimos a conversar, no fui solamente yo.

Me causó gracia su respuesta. Parecía una adolescente. Pero no era de extrañar. Luciana estaba viviendo lo que algunas teo-

rías psicológicas denominan «vivencia emocional correctiva».
De alguna manera, estaba intentando enmendar con Esther su
fallida relación madre-hija e iba corrigiendo algunos esquemas
relacionales que no se habían realizado con sanidad en su infancia. Y, en esto de ir creciendo, le había llegado tardíamente
la hora de los juegos de seducción adolescentes.

—Está bien, fueron todas.

—Claro. Nos pusimos a hablar con un grupo de chicos. Y
yo conecté con uno.

—Ya era hora.

—No te burles.

—No, si no me estoy burlando.

—Pero sí, ya era hora. Se llama Juan.

Silencio.

—¿Y?

—La verdad es que mi primera reacción fue cerrarme a toda
charla. Quedarme tranquila, en lo mío, y listo.

—¿Pero?

—Pero me puse a pensar en todo esto que venimos trabajando y me animé. Hasta ahora me fue bien confiando en lo que
veo en mi análisis. No veo por qué esta debería ser la excepción.
Pero si debo serte franca, estoy muerta de miedo.

—Te comprendo. Es de esperar, y te diría que es sano que,
después de tu historia con Nacho, tengas temor. Pero lo importante es que ese temor no te paralice.

—Sí. Por eso me puse a hablar. Al principio me costó, pero
al rato me aflojé y la verdad es que nos divertimos mucho.

Silencio.

—¿Qué más pasó?

—El concierto estuvo grandioso.

—¿No me digas? No sabes cuánto me alegro.

Sonríe.

—Bueno… pasó que le dejé el teléfono. Esto fue el sábado.

—Y hoy es miércoles. ¿No te llamó todavía?

—Sí. Me llamó para salir el domingo y no me animé. Me llamó ayer y quedé en confirmarle hoy. —Se da cuenta de que estoy sonriendo—. Sí, ¿y qué? Necesitaba venir antes a sesión. ¿Está mal?

—No. Este es tu espacio para pensar acerca de ciertas decisiones, así que me parece bien. —Hago una pequeña pausa—. ¿Y qué vas a hacer?

—Debería salir ¿no?

—No me preguntes a mí qué deberías hacer. Más bien pregúntate qué quieres hacer tú.

Silencio.

—A mí me gusta. Pero tengo miedo.

—Lo imagino.

Más silencio.

—Voy a salir. Pero prométeme que todo va a estar bien.

Necesita sentirse segura. Pero no voy a encarnar ese rol.

—No puedo prometerte eso, Luciana. Yo no soy vidente. Sí puedo decirte que tienes todas las herramientas para cuidarte sola. Además, puedes irte en el momento que se te ocurra si no estás cómoda. Lo sabe. Y eso no es poco.

A la sesión siguiente viene desilusionada.

—Salí con Juan. Fuimos a escuchar a un grupo de jazz que tocaba en un bar.

—¿Cómo la pasaste?

—Bien, muy bien. Es un chico agradable.

—Bueno, me alegro. Pero, entonces, ¿a qué se debe este estado de ánimo un poco decaído que tienes?

—Que al terminar me llevó hasta casa. La habíamos pasado genial. Pero al llegar estacionó el coche, nos quedamos conversando un rato y…

—¿Y qué?

—Se me acercó y me besó.

Silencio.

—¿Y qué pasó?

—Pasó que no me gustó. Yo no quería eso. No estoy obligada a besarme con alguien porque salimos un día a tomar algo, ¿no?

—Eso es cierto.

Piensa unos instantes.

—Me parece que no estaba preparada, o que Juan no es el hombre para mí.

Se queda callada. No está angustiada, pero sí triste.

—Luciana, nadie puede pretender el ciento por ciento de efectividad en estas cosas del amor, ¿no te parece?

—No te entiendo.

—Quiero decir que Juan es el primer hombre con el que sales después de mucho tiempo. No funcionó. Perfecto. Si no es él podrá ser otro más adelante. Lo importante es que te animaste. Saliste, disfrutaste, y la pasaste bien. Nadie te hizo nada que no quisieras. Te trataron con respeto y eso es más de lo que habías logrado hasta ahora, ¿o no?

—Sí.

—Entonces yo diría que fue una buena experiencia.

Piensa.

—Tienes razón, pero qué pena.

—¿Por qué dices eso?

—Porque Juan es realmente un gran tipo.

—No todo se puede.

—Es cierto, no todo se puede.

Poco tiempo después Luciana se inscribió en un coro aficionado. Estaba feliz. Había logrado un grupo de pertenencia.

Gente con la que compartía su gusto por el canto, ensayos e, incluso, algunas actuaciones. A una de ellas fueron Esther y sus hermanos, y nadie podía creer que aquella chica tímida e introvertida subiera a un escenario para cantar.

—Qué bueno que haya ido tu familia a escucharte. —Sí. Es la primera vez que vienen. Debo confesar que estaba un poco nerviosa por el hecho de que estuvieran ellos. Pero salió estupendo.

Se detiene en el relato.

—¿Qué pasa? ¿En qué te quedaste pensando?

—Te vas a reír.

—No lo sé. Cuéntame y vemos.

—¿Te acuerdas de Juan?

Pienso unos segundos.

—¿El muchacho del concierto?

—Sí.

—¿Qué pasa con él?

—Bueno, lo invité a escucharme y vino.

—Qué lindo gesto, ¿no?

—La verdad es que sí.

—Después de todo, te había caído bien, y que no te haya gustado no significa que no pueda generarse una amistad.

—¿Sabes qué pasa?

—No.

—Que esta vez, al verlo, sentí algo diferente.

—Cuéntame.

—Pues, no sé, pero lo vi más atractivo. Me saludó desde su mesa mientras yo cantaba. Después bajé y nos quedamos charlando un rato largo. Fue un momento muy lindo. Pero, como te dije, había venido mi familia, así que me tuve que despedir de él e irme con ellos.

Silencio.

—Discúlpame, pero no entiendo cuál es el problema.

—Que no volvemos a cantar hasta dentro de tres meses.

—¿Y?

—Me gustaría verlo antes.

—¿Y cuál es el inconveniente? Llámalo.

—¿Yo?

—¿Quién si no? —Silencio—. ¿Qué pasa?

—Va a pensar que soy una histérica.

—¿Por qué?

—Pues, porque la otra vez, después de besarnos, le dije que no quería avanzar y que, si volvíamos a vernos, prefería que fuera solamente como amigos. Si ahora lo llamo, ¿qué va a pensar?

—Luciana, ¿cambiaste de opinión respecto al encuentro anterior?

—Sí.

—Díselo. No tiene por qué pensar mal. Estas cosas suceden.

Nuevo silencio.

—No sé…

—¿A qué le tienes miedo?

—¿Y si me rechaza?

Hago una pausa.

—Es una posibilidad.

Se queda pensando.

—Gabriel.

—¿Qué?

—Tengo terror a que otro hombre vuelva a rechazarme.

Se angustia un poco. Pero está bajo control, y eso es una buena noticia. Con este nivel de ansiedad podemos seguir avanzando.

—Luciana, es probable que un hombre te rechace. Tan probable como que tú lo rechaces a él. Es parte del desafío de vivir, de conocer gente y de arriesgarse con alguien. Si los dos se aceptan, genial; si no, mala suerte. Pero lo que no tienes que hacer es ubicar a todos los hombres con los que te relaciones de aquí en adelante, como si fueran un eslabón más en la cadena de los hombres que no te aceptaron en el pasado. Juan no es Fernando, ni Roberto, ni Walter, ni Nacho. No es ni tu padre ni tu hermano. Es simplemente Juan. Un hombre que te gusta. Si te rechaza, es una pena, pero el mundo no se va a derrumbar por eso.

Silencio.

—Entonces, ¿lo llamo?

—No sé. Haz lo que quieras.

—Uf. Tú antes opinabas más.

—Tú antes necesitabas más de mis opiniones. Ahora puedes pensar por ti misma. Ya no eres esa persona asustada que iba por la vida sintiéndose una mierda. Ahora sabes que eres una mujer valiosa. Aunque eso no te vuelve irresistible.

Se ríe.

—¿Y si me dice que no?

—Te jodes.

—Gracias, eres un amigo.

Luciana llamó a Juan y él se mostró feliz. Empezaron a salir y, así como con Esther ella había descubierto una relación diferente, con Juan comprendió que podía ser amada de un modo sano y que la pasión nada tenía que ver con aquellos arrebatos agresivos de Nacho.

Seis meses después hablaron de irse a vivir juntos.

—¿Es demasiado pronto?

—No lo sé.

—¿Tú te irías a vivir con Juan a los seis meses de conocerlo?

—Luciana, yo no me iría a vivir con Juan ni a los diez años de conocerlo.

Se ríe.

—Bueno, no te burles.

—No me burlo —le digo entre risas—, pero tú me preguntas cada cosa.

—Es que estoy confundida.

—Eso no es cierto.

—¿Qué quieres decir?

—Que no es verdad que estés confundida. Estás segura de querer ir a vivir con Juan. Lo que pasa es que tienes miedo de que salga mal.

—Sí, es cierto.

—Pero en el amor no hay garantías. Te vas a tener que arriesgar.

Piensa un momento.

—Tienes razón.

Se queda en silencio. Sus manos juegan con un paquete de pastillas. La noto inquieta, preocupada. —Dime, ¿es idea mía o a ti te ocurre algo más?

—¡Cómo me conoces!

—A ver, dime qué es lo que te inquieta.

—Esther.

Su respuesta me sorprende.

—¿Qué pasa con Esther?

—Tengo miedo de que piense que la estoy abandonando.

¡Ah, la historia! Es imposible que alguien no arrastre los fantasmas del pasado. Luciana está reviviendo los sentimientos que experimentó cuando dejó la casa de su madre para irse a vivir con Nacho. Y reaparece la culpa. Pero esta vez es diferente.

—Luciana, creo que estás actualizando un conflicto del pasado.

—¿Qué quieres decir?

—Que estás reviviendo lo que te pasó antes, cuando te fuiste de tu casa para ir a vivir con tu exnovio. Que temes estar abandonando a Esther como creíste abandonar a tu mamá en aquel momento. Pero no es así. Juan no es Nacho, Esther no es Elena, y tú tampoco eres aquella Luciana. Este es un presente distinto. Tu relación con Esther es mucho más sana, ella va a entender. Además, van a seguir en contacto. Estás en posición de sumar y no de optar. Esta va a ser tu familia. Con Juan y Esther. No estás hiriendo ni abandonando a nadie. Simplemente estás construyendo tu futuro. —Hago una pausa para que pueda procesar lo que estamos hablando—. Luciana, lo que no se resuelve se repite. Pero yo creo que aquella situación de tu pasado ya la elaboraste muy bien. Así que puedes quedarte tranquila, no vas a repetirla.

Dos meses después Luciana se fue a vivir con Juan. Estaba construyendo su propia historia. Y las historias verdaderas no siempre son fáciles. Pasaron muchas dificultades, incluso crisis importantes antes de estabilizarse como pareja. Pero pudieron sobreponerse.

Un día, casi un año después, Luciana vino y se acostó en el diván.

—Tengo que decirte algo que ni siquiera Juan sabe.

—Te escucho.

Respira profundamente.

—Estoy embarazada —dice, y se pone a llorar.

Pero no es un llanto angustiado, es un llanto pleno de emoción. Y, para mí, es un privilegio que me haya elegido para contar antes que a nadie algo tan importante.

—¿Cómo es que Juan no lo sabe aún?

—Es que me hice la prueba de embarazo antes de entrar aquí.

—¿Estás contenta?

La emoción no le permite hablar. Le doy tiempo para que se reponga. Seca sus lágrimas, como en aquella primera entrevista, con el puño de su camisa. Pero qué diferente es este llanto de aquel otro, de hace casi tres años.

—Gabriel, tengo miedo.

—¿De qué?

—No sé si voy a ser una buena madre.

—Es un miedo comprensible, Luciana. Todo aquel que va a tener un hijo se enfrenta a este temor.

Es algo sano e inevitable.

—¿Y tú qué piensas?

Otra vez con sus preguntas tan directas. Otra vez poniéndome en la disyuntiva de responder o no.

—Yo no sé si vas a ser una buena madre o no. Pero puedo decirte que estás capacitada para serlo. Eres una gran persona, una mujer increíble, una luchadora que se sobrepuso a momentos muy difíciles y que enfrentó sus miedos con mucho valor. Saliste de un Infierno, Luciana, y hoy estás en pareja con alguien que te adora y te respeta. ¿Qué quieres que te diga? Tienes todo lo que hay que tener para ser una gran mamá. Pero como en todo, Luciana…

—Sí, ya lo sé. Hay que seguir trabajando. En el quinto mes de embarazo me dijo que Juan le había propuesto matrimonio. Semanas después se llevó a cabo la ceremonia. Al otro día de la boda, antes de irse de luna de miel, Luciana vino a análisis.

Entró y se sentó frente a mí. Por su embarazo, habíamos abandonado el diván para que estuviera más cómoda.

Me miró sonriente, con los ojos iluminados por algunas lágrimas. Se quedó en silencio acariciando su panza con ternura. Buscó en su bolso y sacó el acta de matrimonio. La abrió, señaló una página y me la extendió.

—Mira —me dijo llorando—, Juan me reconoció como su esposa, me dio su nombre. Ahora sí tengo un apellido de verdad. Ahora sí soy alguien.

Se quiebra en un llanto emocionado.

Yo también estaba conmovido. Pero aun en ese momento de felicidad seguimos trabajando.

—Te equivocas, Luciana. No podías verlo. Pero siempre tuviste un nombre. Tú siempre fuiste alguien.

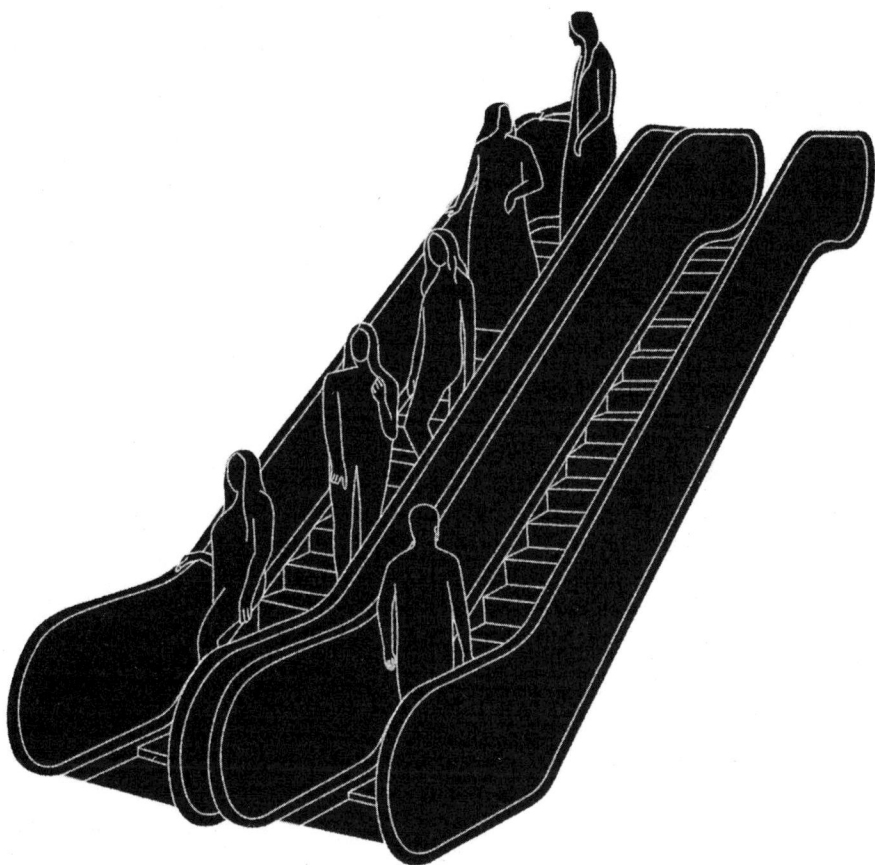

CASO TRES: RODOLFO

FAMILIA, PÉRDIDA, FRACASO

3

Avenida Rivadavia y Rincón. Café de los Angelitos. Son las 11 horas en punto. Es una mañana de otoño soleada, pero fría. Debo confesarlo: amo este clima. Adoro esta Buenos Aires caótica, desordenada y ruidosa que ejerce sobre mí una influencia casi mágica. Con esas construcciones europeas que se mezclan con edificios desagradables construidos en los años setenta. Con las ciudades pasa como con algunas personas: hay que saber mirarlas. Y como estoy acostumbrado a mirar lo oculto, a veces puedo descubrir la belleza que la ciudad esconde.

Entro en la cafetería donde me cité con Fernando, un amigo que quería hablarme. El motivo del encuentro me tiene intrigado. Elijo una mesa que da a la avenida Rivadavia, pido un café, y me quedo escuchando un tema de Mizrahi-Rabih: «Eternos interiores». A los cinco minutos lo veo entrar.

—Tú también tienes puntualidad analítica —bromeo.

—Obvio. —Me da un abrazo y se sienta—. ¿Cómo estás?

—Bien. Disfrutando de esta mañana libre que me tomé con la excusa de tu llamado.

Pide un cortado. Le echa dos cucharadas de azúcar y revuelve con la mirada fija en la taza. Es un psicólogo que admiro y que maneja una técnica que me resulta infranqueable: clínica psicoanalítica con adictos. Nos conocimos hace un tiempo en un grupo de estudio. Es brillante, creativo y con mucho valor para ir más allá de lo que la ortodoxia aconseja al enfrentar un desafío. Tuvimos varias charlas. Y con el tiempo fue surgiendo entre nosotros una profunda amistad.

—Imagino que si me citaste con tanta urgencia es porque el tema es importante. ¿Se trata de algo profesional o personal?

—Te diría que ambos.

—A ver, sea claro, licenciado.

Toma un sorbo de café y aparta el pocillo.

—Está caliente —protesta—. Mira, Gaby, te molesté porque tengo que pedirte un favor que es a la vez personal y profesional.

—Dime.

—Yo sé que andas con unos horarios de locos y que no te sobra el tiempo. Pero nada pierdo con intentarlo.

—¿De qué se trata?

—Hay una persona que quiere retomar análisis.

—Puedo pasarte el teléfono de algún colega de confianza.

—No.

—¿Por qué?

—Porque quiero que lo atiendas tú.

Fernando no solo es brillante. Además, es respetuoso y se maneja con mucho cuidado y registro del otro. No me pediría esto si no fuera importante para él.

—Cuéntame de qué se trata.

—Su nombre es Rodolfo. Es un amigo querido y un ser muy especial. Un hombre de emociones fuertes que está pasando por un momento difícil. Él te conoce porque te escucha por la radio y… bueno, no te voy a explicar a ti esto de la transferencia imaginaria y esas cosas.

Es cierto. No necesita explicarme el fenómeno que a veces ocurre a partir de que alguien escucha o lee a un profesional. Algo de lo que ese profesional expresó resuena dentro de la persona y surge la idea de que puede ayudarla. Cuando esto ocurre, es difícil trasladar esa confianza a alguien más.

Toma otro sorbo y continúa:

—El otro día estuvo en mi casa y conversamos un rato. No lo vi bien y le sugerí que hiciera una consulta psicológica. ¿Ves que hay gente que se ofende y te dice que no está loca? Bueno, no es este el caso. Rodolfo es un hombre con mucha experiencia analítica, un paciente habitual del diván. Me dijo que le gustaría analizarse contigo. Te juro que no fue una sugerencia mía. Él solo pronunció tu nombre. No sabía si comentarle que somos amigos. No quería generarle expectativas. Pero como no le vi nada de malo, se lo dije.

—¿Y?

—La idea lo entusiasmó. Por eso te molesto.

—No me molestas.

—Gracias. —Me mira fijo—. Te pido que al menos lo entrevistes. Después, si no puedes, o si te parece que no es un paciente para ti, lo remites a otro analista. ¿Qué te parece?

Lo miro con ironía.

—Me parece que si pensaras que no es un paciente para mí no me estarías pidiendo que lo viera. Y además se nota lo importante que este tipo es para ti. Está bien. Dale mi teléfono.

—Gracias. —Sonríe—. En serio.

—Bueno, yo te debo unas cuántas de estas.

Nos quedamos conversando sobre otros temas. No quise preguntarle nada acerca de Rodolfo porque prefiero descubrir a los pacientes por mí mismo. Me gusta esa «sorpresa» inaugural que casi siempre me genera sensaciones fuertes: cada paciente es un mundo por descubrir. En este caso, debo admitirlo, mi amigo había logrado intrigarme. ¿Cómo sería Rodolfo? ¿Cuáles serían sus angustias, qué dolores lo tendrían tan mal?

No dejé de pensar en él durante todo el día. Esperaba su llamado. Cuando me contactó a la mañana siguiente, convinimos un horario para nuestra primera entrevista. Su voz en el teléfono era firme y segura. No parecía un hombre desbordado. Pero las apariencias engañan. Y en esa ocasión engañaban mucho.

Rodolfo llegó diez minutos antes de lo convenido. Yo acompañaba hasta la puerta a otra paciente y lo vi sentado en la sala de espera.

—El señor te está esperando —me dijo mi asistente.

Lo miré y le sonreí.

—En un minuto estoy contigo.

Me devolvió la sonrisa. Despedí a mi paciente anterior y me acerqué a saludarlo.

—Rodolfo, supongo.

Se puso de pie.

—Sí. Mucho gusto.

Me miró a los ojos y apretó mi mano. Tal cual lo había percibido a través del teléfono, se le veía un hombre seguro, aplomado. Me causó una fuerte impresión. No era muy alto; debía medir un metro setenta, quizás un poco más. Rubio, de ojos claros y mirada profunda. Vestía de manera informal, y su aspecto, a pesar de la ropa elegante, denotaba una cierta desprolijidad. Le indiqué el camino y nos dirigimos al consultorio.

—Es un gusto conocerte. Fernando me habló de ti y me dijo que le parecía una buena idea que tuviéramos esta entrevista —le dije a modo de bienvenida.

—Fernando me adora. Y yo a él. Pero, por mucho que nos queramos, no estamos aquí para hablar de Fernando, ¿no?

Él me había advertido que Rodolfo tenía una vasta experiencia analítica y comprobé que así era. No perdió tiempo en esos comentarios que a veces se hacen para aplacar los nervios y romper el hielo. Fue directo al grano.

—Estoy mal. Y debo ser un tipo muy tonto para estar así de mal, a los 45 años, porque me dejó una mujer.

—Por lo que veo tenemos aquí cuatro problemas: estás mal, eres un tonto, tienes 45 años y te dejó una mujer. ¿Por cuál quieres empezar?

Se ríe.

—Y, ya que estamos en esas, empecemos por la mujer. Después de todo, los hombres siempre que nos juntamos terminamos hablando de mujeres, ¿no?

—Como prefieras. Háblame de ella, entonces.

—Se llama Julieta. Estuvimos juntos casi dos años.

—¿Y qué pasó?

—Supongo que lo que suele pasar… El tiempo.

—Pero más allá del comentario filosófico supongo que en ese tiempo ocurrieron cosas.

—Muchas.

—¿Me quieres contar?

—Sí, supongo que para eso vine.

Respiró profundo y empezó a hablar. La había conocido hacía dos años, en una reunión empresarial. Cuenta que quedó impactado ni bien la vio. Le resultó hermosa. Morena, 39 años, alta, sensual y culta.

—Aunque la cultura no siempre es sinónimo de inteligencia.

—A ver, ¿cómo es eso?

—Sí. Julieta es una mujer que ha llegado muy lejos. Proviene de una familia de mucho dinero. Su padre es escribano y se está metiendo en política. Pudo educar a sus hijos en los mejores colegios, esos que tienen nombres que uno ni siquiera puede pronunciar. Y ella va en camino de hacerse cargo de sus asuntos privados cuando el padre se dedique a la actividad pública. Es una mujer de mundo. Viajó mucho y conoce todo lo que hay que conocer para considerarse «culta»: las pirámides de Egipto, los puentes del Sena, el Coliseo romano y podría seguir con una lista interminable.

—Ajá. ¿Tú conoces alguna de esas cosas?

Me mira sonriente.

—Sí, el teatro Coliseo. El de la avenida Alvear.

Sonrío.

—¿Y hay algo en esa diferencia que a ti te molestaba?

—No —se apresura a responder—. Por mí que se meta sus viajes en el culo. Lo importante está aquí —se señala la cabeza—, y en eso no tengo nada que envidiarle.

Silencio.

—¿Y cómo era tu relación con su familia?

—Buena, aunque en el fondo no tenían mucho que ver conmigo.

—¿Por qué dices eso?

—Porque era gente agradable, pero algo frívola para mi gusto. Pasé muchos momentos con ellos, y aun así no logré engancharme del todo. Por supuesto que es hermoso escuchar hablar de las maravillas que hay en el mundo. Pero…

—¿Pero qué?

—Pero también es importante hablar de las dificultades que hay aquí, en el país. Y eso no se podía. —Silencio—. Yo vengo de una familia muy humilde. Sé lo que es pasarla mal, trabajar de sol a sol para vivir con lo justo. Y no podía evitar la sensación de molestia que me producían esas conversaciones.

—¿Por qué te molestaban?

—Porque me parecían vacías. A lo mejor por eso dije que no sé si Julieta era tan inteligente. Pensábamos tan distinto sobre los temas importantes que no entiendo cómo pude pasar tanto tiempo con ellos.

—Bueno, era la familia de tu pareja.

—Sí, pero igual. Yo sabía que existía otro mundo. Sin embargo, al principio intenté adaptarme a ellos. Creo que en algún punto me vi seducido por la situación. —Sonríe.

—¿Qué pasa, de qué te acordaste?

—De lo estúpido que me sentía gastando tanto dinero en ropa, en restaurantes. Como si inconscientemente hubiera querido transformarme en uno de ellos. Pero no funcionó.

—¿Por qué?

—Porque yo no era así. —Pausa—. Recuerdo que un día me miré al espejo y me di vergüenza.

—*Vergüenza* es un término muy fuerte.

—Pero eso fue lo que sentí.

—¿Puedo saber por qué?

—Porque ese no era yo. Era un disfraz que me puse para ser aceptado por ellos, para no desentonar. Por suerte, tengo muy claro quién soy y de dónde vengo. Por eso el jueguito del niño bien no me duró mucho.

—¿Entonces?

—Entonces quise acercarla a ella a ese otro mundo que hay a veinte cuadras de su casa de un barrio rico. ¿Sabes? Yo colaboro en una colonia marginada y tengo algunos ahijados. Chicos de escasos recursos que apadrino, les pago los estudios y los llevo a pasear de vez en cuando. Le pedí a Julieta que me acompañara en esas salidas, que se acercara a esa gente.

—¿Y qué pasó?

—No le gustó, y no solo eso. Ni siquiera le importó demasiado. Miraba casi con desdén a esa gente que, en definitiva, era mi gente. —Pausa—. Fue como en las novelas chafas de la televisión, pero con un final distinto.

—¿Por qué? ¿Cuál fue el final?

—Me dijo que así no se sentía feliz conmigo. Que ella estaba dispuesta a abrirme las puertas a un mundo más lindo, pero que si yo no quería entrar era mi decisión. Discutimos y se fue. Así nomás, como si yo no le importara nada.

Se produce un silencio prolongado.

—Pero bueno —continúa—, al menos me rescaté a mí mismo. Mírame.

Hace un gesto con las manos recorriendo su cuerpo de arriba hacia abajo. No voy a entrar en el juego que me propone: me está pidiendo que emita un juicio de valor acerca de su imagen.

—¿Qué es lo que, según tú, debería notar al mirarte?

—Lo que en realidad soy.

—Hagamos el ejercicio contrario. Mírate tú y dime si te gusta lo que ves.

Agacha la cabeza.

—No, este tampoco soy yo.

—¿Ah, no?

—No. Estoy un poco descuidado, abandonado.

—Bueno —lo interrumpo—, «abandonado» seguro. Teniendo en cuenta lo que me estabas contando.

Empleo esta palabra —*abandonado*— para generar un desplazamiento de sentido. Apelo a su capacidad de metaforizar. No siempre hago este tipo de intervenciones en las primeras entrevistas, pero como me había dicho Fernando, estoy frente a un paciente habitual del diván.

Me mira y se queda pensando.

—Tienes razón, y a lo mejor eso contesta tu pregunta acerca de qué pasó con Julieta.

—Explícame.

—Claro, tal vez un abandono tenga que ver con el otro.

—Ajá. ¿Y cuál fue primero?

Baja la mirada.

—Para mí sería más cómodo decir que primero vino el abandono de Julieta y que después, deprimido, triste y solo, caí en este estado de abandono personal. Pero no es así. Primero fui yo el que se olvidó de quién era, de su presencia, de sus gustos; el que quiso aparentar ser otro, y a lo mejor con ese comportamiento logré que Julieta se hastiara de mí. Esto lo estoy pensando ahora.

«Esto lo estoy pensando ahora». Me está diciendo que la idea no se le había ocurrido hasta ahora, que es un *insight*, un «darse cuenta» que le ha ocurrido en este encuentro conmigo. En otras palabras, me está haciendo saber que me ha ubicado ya, en nuestra primera charla, en el lugar del analista.

El análisis no comienza de inmediato. Por eso denominamos a los primeros encuentros entre analista y paciente «entrevistas preliminares». La palabra *preliminar* indica que se trata de un momento de preparación. ¿Qué se está preparando? El vínculo transferencial, la relación entre el paciente y el profesional. ¿Cuándo comienza el análisis verdadero? Cuando el analista ocupa un lugar en el Inconsciente del analizante. Es decir, cuando la persona que acude al consultorio, sin saberlo, comienza a dirigir su discurso a ese *partenaire* que ya no es como cualquier otro, que lo escucha desde un lugar diferente. Un lugar que hace que puedan pensarse cosas que no se habían pensado antes, o se cuenten hechos que el sujeto no se animaba a contar o que, simplemente, estaban «olvidados», velados por la represión.

La llegada de ese momento marca el inicio del camino y nos da el derecho a intervenir de una manera más profunda.

Espero unos segundos y, al ver que Rodolfo no continúa, le digo:

—Qué cosa, ¿no?

—¿Qué?

—Esto de hablar del hastío de Julieta como si hubiera sido tu logro. Porque la palabra *logro* se emparenta con la idea de éxito, de haber conseguido algo que se buscaba.

Otra vez juego con el doble sentido de la palabra. Pero ya me he dado cuenta en estos pocos minutos de que Rodolfo es un paciente que permite este tipo de señalamientos. Otros, a lo mejor, se resisten alegando que quisieron decir otra cosa o que yo entendí mal. Por el contrario, él se hace cargo de sus dichos, y esta característica será importante en el devenir del análisis.

Menea la cabeza, abre los brazos, suspira.

—Y sí. A lo mejor voy a tener que preguntarme por qué busqué que Julieta me dejara. —Breve silencio—. Pero... ¿puedo estar tan enfermo? Como si no hubiera tenido ya suficientes pérdidas me busqué una más.

La frase es fulminante y la recibo con toda su potencia. Tengo ganas de hablar de esto, y sé que un hombre como Rodolfo, acostumbrado a ahondar en su psiquis, estaría dispuesto a hacerlo ahora mismo. Pero, aun así, es una primera entrevista. Por eso decido esperar un poco más. Hacer silencio.

El silencio es una de las intervenciones más fuertes, porque no se trata de cualquier silencio. El silencio del analista es un acto. Una decisión que suele generar consecuencias. Y en este caso, lo hizo.

—Creo que voy a llorar —dice. Su voz se entrecorta. Asoman algunas lágrimas y no intenta detenerlas—. No me da vergüenza.

—No tiene por qué darte vergüenza. Pero cuéntame por qué lloras.

—Por Julieta.

No lo creo. No se trata de que me esté mintiendo; creo que él mismo se está engañando. Es seguro que la ruptura con Julieta le duele. Pero su angustia trae reminiscencias mucho más antiguas. Estoy convencido de que Julieta es la representante actual de un dolor más profundo.

La transferencia, motor del análisis, actúa de dos modos diferentes. Transfiere un sentimiento de una persona a otra, por eso el paciente puede enojarse con el analista o acusarlo de cosas con las que el profesional no tiene nada que ver. Es decir que transfirió a él un amor o un odio que está destinado a otra persona o a otra situación. Pero es también transferencia en el tiempo. Así, algo de la historia se transfiere al presente y se actualiza aquí y ahora. El paciente expone hoy un llanto que proviene del pasado. Es lo que ocurre ahora con Rodolfo. Julieta no es sólo Julieta, y el presente es más que el presente.

—Y lloro también… porque estoy de nuevo solo —agrega luego de un silencio breve.

Ahora sí. Dice que está «de nuevo» solo. Es decir: está resignificando una soledad anterior. Una soledad que viene ¿desde hace cuánto? Una soledad que remite a la pérdida ¿de quién, de quiénes? Son muchas las preguntas que vienen a mi mente. Pero todavía no es el momento de hacerlas.

En la quinta entrevista acordamos comenzar el análisis. Comprendí que Rodolfo sería un paciente gratificante y, a la vez, difícil, porque tenía una personalidad compleja. Poseía inteligencia y una claridad mental poco común, y sin embargo caía en momentos de enorme necedad. En esas ocasiones le costaba entender hasta los hechos más sencillos. Algo que solía ocurrirle, por ejemplo, al hablar de Sergio, un amigo de la infancia.

Al parecer, era un hombre con enorme potencial que desaprovechaba su capacidad en trabajos sin importancia ni futuro.

Rodolfo creía que Sergio podía ser una persona de excepción que por desidia se había convertido en un mediocre. Esa distancia entre lo que esperaba de su amigo y quien él era, lo sacaba de quicio.

—No lo puedo entender ¿qué quieres que te diga? Es un tipo atractivo, joven, lúcido. ¿Cómo carajo malgasta su vida así? ¿Cómo no aprovecha esos dones para realizarse?

—¿Puede ser que él esté bien así?

—Qué va a estar bien así. Trabajando en esa oficina de mierda en la que lo tienen de un lado para el otro por dos pesos con cincuenta. Te juro que no lo puedo entender.

—¿Sabes qué? La experiencia indica que cuando a alguien le cuesta tanto entender algo es porque el tema en algún punto lo implica.

—¿Qué quieres decir?

—Solo me pregunto si esa actitud de Sergio que tanto te molesta no te resonará inconscientemente con algo de tu historia personal.

—No —se apresura a responder—. Para nada. Yo soy un tipo que va al frente y que no se detiene nunca.

—Bueno —hago una pausa para resaltar lo que quiero decir—, a lo mejor en algunos lugares no está tan mal detenerse. Porque esto de «no parar nunca» suena a vivir con la necesidad constante de alejarse o de no enfrentar lo que duele, ¿no te parece?

Silencio.

—Bueno, tarde o temprano, todo cambia.

—...

Otra vez hace silencio. Un silencio que yo sostengo. Otra vez sus ojos se llenan de lágrimas.

—Rodolfo, es evidente que aquí hay algo que tiene que ver con algunas pérdidas que te hacen sufrir mucho. ¿Quieres hablar de eso?

Su voz se quiebra. Tarda en retomar la palabra.

—Gabriel, ¿sabías que soy viudo?

Me sorprende. Asimilo sus palabras.

—No, no lo sabía. Jamás hablamos de eso.

—Es que estuve tan entretenido con mis pérdidas actuales que no tuve tiempo de hablarte de mi otra pérdida, la más grande. Valeria… Esa sí era una persona luchadora.

«Esa sí». ¿Y cuál no? ¿Estará hablando de Julieta que —según él— no pudo salir de su comodidad, de Sergio, que desperdicia su vida en cosas sin importancia? ¿O habrá alguien más?

—Cuéntame, por favor.

Se toma unos segundos.

—Me cuesta. Pero bueno, creo que me va a hacer bien hablar de ella —dice, y sin embargo se queda callado.

Advierto que los recuerdos se le vienen encima. Su rostro se va transformando poco a poco y muestra el sufrimiento que siente. Llora. Primero con suavidad, pero a los segundos su cuerpo se sacude a causa del llanto. Apoya los codos sobre los muslos y deja caer la cara entre las manos.

He pasado muchas veces por la experiencia de tener enfrente a una persona desbordada de angustia. Sin embargo, no puedo acostumbrarme. Siempre me impacta. Siempre me conmueve. Es una vivencia indescriptible que colma el consultorio de un silencio pesado y engañoso. Porque, en realidad, es un silencio lleno de sonidos.

Se escuchan las voces del pasado, el dolor, la angustia del presente, y la impotencia.

Elegir el camino del silencio en sesión es una de las situaciones más difíciles y, probablemente, la que menos nos gusta a los analistas, aunque la gente crea lo contrario. Por lo general es una decisión que se toma como un gesto de respeto ante la aparición de la angustia del paciente. Pero también porque la potencia del silencio suele habilitar el surgimiento de algo más. Una asociación nueva, un recuerdo que no estaba.

Rodolfo permanece diez minutos llorando, sin moverse de su posición. Cuando su respiración empieza a normalizarse, le alcanzo una caja con pañuelos desechables.

—¿Quieres?

Me mira como si lo hubiera sacado de un extenso letargo.

—¡Qué bárbaro! No sabes cuánto hacía que no lloraba por Valeria.

—…

—Yo sé que a veces llorar es necesario. Pero la lloré tanto que me siento un enfermo.

—¿«Enfermo», por qué?

—Por no superar su pérdida todavía. Murió hace diez años. ¿No es demasiado tiempo para seguir sufriendo tanto? ¿Qué dice la psicología de esto? ¿Cuál es el tiempo que debe durar un duelo normal?

—No lo sé. ¿Quién puede tener la soberbia de decirle a alguien hasta cuándo debe dolerle una pérdida tan importante? Yo no.

Suspira y hace un comentario impersonal. Probablemente está intentando reponerse.

—Leí en un libro que un duelo normal dura entre seis meses y un año y medio, que más de eso es patológico.

Sonrío.

—Los libros dicen tantas cosas, Rodolfo. Pero muchas veces la realidad los contradice, ¿no te parece?

—En mi caso, sí.

Evalúo la situación. Rodolfo ha abierto una puerta que, según sus palabras, estuvo cerrada durante mucho tiempo. Hizo una catarsis muy importante en la sesión de hoy. Difícilmente pueda abordar el tema sin volver a quebrarse. Va a ser impor-

tante que se lleve un poco de esta angustia, que vuelva a conectarse con este dolor del que ha estado huyendo. El análisis
tiene sus tiempos y hay que saber respetarlos.

—Me parece conveniente que paremos aquí —le digo—.
La sesión de hoy ha sido muy fuerte. Te reencontraste con un
episodio de tu pasado del que te venías escapando desde hace
tiempo. Celebro que así sea. Ahora ya está aquí, instalado en
este espacio. Y, estoy seguro de que vamos a hablar mucho de
esto. Pero mejor sigamos la próxima.

Asiente y se pone de pie. Antes de salir del consultorio se
detiene.

—Me iba sin pagarte. Perdóname. Me quedé enganchado
con mi historia.

Sonrío y tomo el dinero. Tampoco yo me había dado cuenta
del olvido.

Rodolfo tenía 34 años cuando conoció a Valeria.

—Venía de muchísimo tiempo de descontrol total —me
cuenta.

—¿A qué llamas «descontrol total»?

—Me refiero a mi relación con las mujeres. Exclusivamente
a eso. En lo que respecta a otras cosas siempre fui un hombre
sanito. —Sonríe.

—Cuando dices muchísimo tiempo, ¿de cuánto estamos
hablando?

—Pues… —piensa—. Siete u ocho años.

—¿Y qué pasó en ese tiempo?

—De todo. Anduve con rubias, morenas, altas, bajas, vie-
jas y jóvenes. Parecía tener una especie de necesidad de salir
con más y más mujeres. Y, obviamente, no me comprometía
con ninguna. Compañeras de trabajo, chicas de la facultad,
compañeras del conservatorio, vecinas de la colonia, cosa

que a mi madre le ponía los pelos de punta. Todas me venían bien.

«Todas me venían bien». La frase queda un rato dando vueltas en mi cabeza. Pero algo más me ha llamado la atención.

—¿«Compañeras del conservatorio», dijiste?

—Sí.

—Cuéntame. ¿De qué conservatorio hablas? Porque me dijiste que eres ingeniero.

—Sí, ahora sí. Pero cuando era chico, y después también, estudié piano.

—Mira qué bien. Así que tuviste el *hobby* de la música.

—Yo diría que fue algo más que un *hobby*. A los siete años empecé con una profesora de la zona y me recibí de profesor de música a los 14 años. No fue fácil porque en casa no había piano, pero estaba tan entusiasmado que Amelia, mi profesora, me dejaba ir a estudiar a su casa. Y así lo hice. Fui todos los días, durante años. —Su mirada se pierde en el tiempo—. Era tan feliz en esas clases... El piano era mi vida.

—Sigue.

—Amelia estaba convencida de que yo tenía talento. Cuando presenté el último examen fuimos a festejar con una botana y me dijo que yo estaba para mucho más, que ella ya me quedaba chica. Me habló de un gran maestro a quien quería presentarme. Me iba a recomendar y le pediría que me aceptara como alumno. No te imaginas cómo me entusiasmé ante la posibilidad de que el piano pudiera ser mi carrera. Pero...

—¿Pero qué?

—Cuando se lo dije a mi mamá, me sacó corriendo. Me dijo que en nuestra familia había que trabajar y ganar dinero. Que ya bastante habían gastado en darme el gusto con el piano. Pero que ni soñara con que ella iba a permitir que yo malgastara mi vida para cumplir los sueños de una vieja loca.

—Pero ese no era el sueño de Amelia. Era tu sueño.

—Asiente—. ¿Se lo dijiste?

—¿Para qué? Cuando a mi mamá se le metía algo en la cabeza, no había forma de convencerla. Incluso Amelia fue a hablar con ella para ver si conseguía que cambiara su decisión.

Su gesto se ensombrece.

—¿Y qué pasó?

—Por Dios, ¡qué vergüenza! Mi mamá la trató tan mal. Hasta la acusó de vieja puta —agacha la cabeza—, de estar caliente conmigo. Justo a ella que era una santa. No sabía dónde esconderme. Todos los vecinos estaban en la calle mirando cómo mi madre le gritaba. Quise intervenir, pero no me animé.

—¿Le tenías miedo a tu mamá?

—Terror. Pensé pasar después para disculparme. Pero no lo hice, y jamás volví a verla… al menos con vida. —Lo miro interrogante—. Sí, porque cuando tenía treinta años me enteré de su muerte. Y fui al velorio. Obviamente nadie me recordaba y no entendían por qué un desconocido lloraba de un modo tan desconsolado. Solo yo sabía que con ella se iba la persona con la que compartí uno de los sueños más grandes de mi vida.

—Sonríe.

—¿Puedo saber en qué pensaste?

—Ella tenía dos hijos y a ninguno le importaba nada la música. ¿Sabes qué hice?

—No.

—Les compré el piano. Al tiempo me anoté en el conservatorio y cursé un par de años, pero lo dejé. Y ahí está: mi viejo amigo de la niñez. El piano en el que estudié tantas horas. El que acompañó aquellas tardes con Amelia, su risa, su cariño… y mi felicidad.

Pausa.

—Dices que lo dejaste. ¿Nunca más pensaste en hacer algo con la música?

Me mira.

—Gabriel, sé que tú también soñaste con ser músico. —Asiento—. Sabes que alguien que quisiera retomar un instrumento a mi edad no tiene ninguna oportunidad, ¿no?

Es duro lo que dice, pero es cierto. La música es un mundo fascinante y único. Pero cruel. Y Rodolfo sabe que aquellos años perdidos no pueden recuperarse. El pianista que quiso ser es hoy un sueño inalcanzable. El silencio es mi única respuesta. Por su parte, Rodolfo prefiere salir del tema y retoma el relato acerca de sus amoríos. Pasa por alto la música y su relación con esas otras dos mujeres, la profesora amada y la madre temida. Pero ya lo escuché y sé que su vocación, su madre y Amelia no son detalles menores.

Si bien el analista dirige la cura, el paciente guía la sesión. De manera que dejo que siga con su libre asociación de ideas y reservo este tema para otro momento.

—Volviendo a mi pasado de donjuán, no te voy a decir que estuvo mal, porque te estaría mintiendo. Al contrario, la pasé de lujo. ¿A quién no le gusta salir todas las semanas con una mujer diferente? Pero, después de un tiempo, me empecé a cansar.

—Después de siete años —comento en tono neutro. No sé por qué, pero tuve necesidad de remarcar la duración de ese proceso.

El correlato de la asociación libre en el paciente es la atención flotante en el analista. Implica que también el profesional debe despojar su mente de ideas preconcebidas y entregarse al devenir de la sesión. El éxito del tratamiento depende de que ambas técnicas, asociación libre y atención flotante, se vayan uniendo hasta generar un espacio inconsciente común que ya no es ni de uno ni del otro, sino un nudo entre ambos.

—Sí, siete años, pero yo me cansé mucho antes. Te diría que en los últimos cuatro, salir con mujeres distintas era una rutina que me fastidiaba un poco. Pero como ya te dije, era una necesidad.

—Claro, y entonces dejaste de ser un hombre para convertirte en una especie de animalito.

Me mira extrañado.

—Discúlpame, pero no te entiendo. ¿Qué me quieres decir?

—Rodolfo, excepto dos o tres necesidades básicas que son inevitables para sostener la vida, como respirar, por ejemplo, el hombre y la mujer no son seres con necesidades, como los animales. Son sujetos con deseos. Pero hasta en los actos ligados a esas necesidades básicas, como comer, si no se está al borde de la inanición y con riesgo de muerte, la necesidad está perdida. Nadie tiene necesidad de proteínas o hidratos, sino deseo de comer un asado o una pizza. Por eso, si alguien entra en un restaurante y no encuentra lo que quiere, se levanta y va a otro. Porque lo que está en juego no es la necesidad sino el deseo. ¿Me entiendes?

—Sí.

—Bueno, piensa que si esto pasa con la alimentación, con algo tan complejo como la sexualidad ocurre lo mismo pero potenciado. Porque, en definitiva, puede que una hamburguesa reemplace a un bife, pero las personas que amamos no pueden ser suplantadas con tanta facilidad. Y tú de esto sabes bastante.

—Sí, es cierto. Pero estás hablando de amor, y yo hablaba de sexo.

—Bueno. Dejemos de lado el amor, si te parece, y hablemos de sexo. La sexualidad humana tampoco funciona como la animal. Por ejemplo, basta con una perra en celo para que el instinto ponga al perro en movimiento. No hace falta más. Él sabrá qué hacer y cómo. Hombres y mujeres no funcionan así. El sujeto humano no tiene una necesidad que lo impulsa a acostarse con cualquiera, sino el deseo de estar con tal o cual persona. Ni requiere que esa persona sea del otro género, porque su sexualidad está mediatizada por la palabra. Y la palabra transforma el cuerpo biológico en un escenario erótico. Entonces ya no importa la unión genital con fines reproductivos, sino el placer. Y a la hora de obtener placer, cada quien pone en juego un modo que le es propio. Cuando tú me dices que salías con rubias, morenas, altas y bajas, estás sugiriendo que cualquier mujer te daba lo mismo, y yo tengo mis dudas al respecto. Es más, al introducir la palabra *necesidad*, lo que en realidad estás diciendo es que era una actitud que se te imponía, que ese comportamiento tenía carácter compulsivo. Deduzco que algo te incitaba a ir en busca de determinadas personas sin que pudieras hacer nada para contener ese impulso. Sé que a ti te parece que podía ser cualquiera, pero me pregunto si en esa variedad de mujeres en apariencia diferentes no habrá algún rasgo en común. Y si esto fuera así ¿se te ocurre cuál podría ser?

Se queda pensando.

—La verdad es que no —me dice desilusionado.

—No importa. No hay apuro.

Digo esto para que se relaje. Suele ocurrir que los pacientes muy ansiosos o demasiado exigentes consigo mismos se obligan a tener la solución inmediata a los enigmas que el análisis les plantea. Y Rodolfo reúne ambas condiciones.

—Lo importante ahora —continúo— es que hayamos al menos instalado esta idea. Tengámosla a mano. Tal vez hoy no le encontremos sentido, pero es muy probable que más adelante sí.

No siempre es este el destino de las cosas que se generan en sesión. A veces pasa el tiempo, parecen diluirse y hasta llegamos a olvidarlas sin que vuelvan a aparecer o sin que nos aporten el sentido oculto que parecían tener. Por suerte, este no fue el caso.

Rodolfo se esforzó durante muchas sesiones en recordar a cada una de las mujeres con las que había salido en esa época, cosa que no era fácil porque habían sido muchas. La posibilidad de que hubiera entre ellas algo en común lo perturbaba. No le encontraba la aguja en el pajar y se angustiaba.

Es frecuente que ocurra esto en pacientes obsesivos, porque la psiquis es el campo de batalla donde despliegan sus síntomas. Sufren de pensamientos. Su mente toma alguna idea y le dirige toda su atención, toda la energía de la que dispone. Casi no pueden pensar en otra cosa y esto la transforma en una representación sintomática.

El análisis discurre en un mundo de palabras, y las palabras son la materia prima del pensamiento. Sin embargo, las ideas obsesivas se vuelven tan omnipresentes que detienen la asociación libre, lo cual entorpece el avance del tratamiento. En ocasiones, para eludir el dolor psíquico que esto produce, el sujeto desarrolla «rituales», comportamientos que debe realizar antes o después de algunas situaciones. Poner todas las camisas mirando para el mismo lado, golpear el bolígrafo varias veces antes de dejarlo en el escritorio o tomar dos vasos de agua antes de tener relaciones sexuales. El ritual puede o no tener sentido aparente. Lo que lo convierte en algo obsesivo no es que sea absurdo, sino que se impone y, en caso de no realizarse genera angustia.

Estos rituales persiguen un fin: frenar el diálogo interno, acallar la idea obsesiva y posibilitar acciones que de otro modo resultan imposibles. Pero fracasan, porque con el tiempo se transforman en un síntoma más. Dejan de aliviar y pasan a ser una exigencia, una nueva fuente de dolor.

Para evitar que se armara este circuito sintomático, decidí volver a contactar a Rodolfo con sus emociones. De esa manera tomaría distancia, por un rato al menos, de aquello en lo que no podía dejar de pensar. Y había un tema que sería de mucha utilidad para lograrlo.

—Al final, nunca hablamos de Valeria.

—Es que todavía no pude descifrar lo que sucedió en la etapa anterior a conocerla.

—No importa. El análisis no tiene por qué seguir un orden cronológico. Te propongo algo.

—¿Qué?

—Dejemos por un tiempo el tema que estábamos trabajando.

—Pero no pudimos cerrarlo.

—Que quede abierto entonces. ¿Cuál es el problema? Sigamos. Si algo importante nos quedó en el tintero, te aseguro que va a volver.

—¿Te parece?

—Sí, me parece. —Asumo la responsabilidad. Este momento analítico lo requiere—. Háblame de Valeria.

Hace silencio. Intuyo que está conectándose con sus recuerdos, trayéndola a su memoria. Después de unos segundos me cuenta que la conoció en un cine-debate donde se discutía la película *Casanova*, de Fellini.

—Un personaje ideal para esa etapa de tu vida —bromeo.

—Tal cual. Pero mira, tú, qué loco. Ese fue el último día de mi donjuanismo.

—A ver…

—La cuestión es que se armó un debate muy interesante entre los asistentes. El tipo que coordinaba la actividad era muy bueno y logró engancharnos con la problemática del personaje. La perversión, el fetichismo, cierta cuestión andrógina de su imagen. A cada uno de nosotros la película nos había generado sensaciones diferentes. ¿La viste?

Asiento.

—¿Te gustó?

—Me pareció genial. Pero no sé si me gustó —respondo con sinceridad.

—A mí me pasó lo mismo. Por momentos me encantó, en otros me aburrió y hubo algunos pasajes en los cuales me angustió.

No puedo dejar de recordar las sensaciones que tuve al verla, no muy diferentes de las que refiere Rodolfo. Pero este no es un encuentro de cine-debate sino una sesión de análisis, así que no hago comentarios al respecto.

—¿Y Valeria?

—Valeria se veía divertida. Era una mujer de mente abierta. Le causaba gracia cierto enojo que había en la sala. Pero ella se detuvo en las cuestiones más visuales, el maquillaje del personaje o ese mar hecho con tules que flameaban al viento. No era raro que le pasara eso, después de todo era arquitecta. Durante la reunión habíamos cruzado algunas miradas. Cuando terminó el encuentro, nos quedamos todos conversando un rato en la calle. Era invierno. Ella se puso un gorrito de lana rojo que sacó de su bolso y se subió el cuello del abrigo. Metió las manos en el bolsillo y me sonrió con la nariz roja por el frío. Estaba hermosa.

Queda capturado por el recuerdo. Se abstrae del mundo unos segundos, y yo lo dejo.

—¿Qué pasó después?

—Algo raro.

—¿«Raro»?

—Sí. Yo, que era un ganador que venía llevándome todas las mujeres por delante, no supe qué decir. La gente se fue retirando y nos quedamos solos en la calle. Era evidente que ninguno de los dos quería despedirse. Entonces me miró y me dijo: «Hace frío. ¿Me invitas un café?».

Permanece callado. Se ha transportado en el tiempo, algo que suele ocurrir en análisis. Hay situaciones que no se recuerdan, se reviven. El paciente vuelve a ubicarse en el mismo estado psíquico y emocional que tenía en el momento del suceso. Esto puede observarse con gran claridad cuando se conecta con un hecho traumático. He visto a pacientes que tuvieron verdaderas regresiones en sesión; tiemblan y se asustan como si el hecho del pasado estuviera ocurriendo en el presente.

Pero, como en este caso, no siempre el fenómeno se asocia a hechos desagradables.

—¿Y la invitaste?

—Obvio. Habremos entrado en el café a las nueve de la noche. Nos pusimos a hablar con una naturalidad que me sorprendió. Me gustaba mirarla, me cautivaba el sonido de su voz, su risa. Era muy fuerte lo que nos estaba pasando y perdimos la noción del tiempo. Cuando miramos la hora eran las tres de la mañana y no nos habíamos dado cuenta. Todo se dio de una manera tan espontánea. Estábamos en el centro, y ella vivía en Belgrano, una zona residencial al norte de la ciudad. ¿Ubicas?

—Sí.

—«¿Vamos?» —me preguntó—. Y yo asentí. Nos fuimos caminando mientras conversábamos. Yo estaba en las nubes, no lo podía creer. Si te digo algo ¿no te vas a reír? Creo que me enamoré de ella en ese mismo instante.

Me mira.

—La acompañaste hasta su casa.

—Por supuesto.

—Y al llegar, ¿qué pasó?

—Nos despedimos y nos intercambiamos los números de teléfono.

—¿No te invitó a pasar?

—No. Valeria era muy perceptiva. Creo que se dio cuenta de que yo no quería entrar.

—¿Ah, no? ¿Y por qué?

—Porque, como te conté, estaba cansado de salir con mujeres con las que terminaba en la cama casi por obligación. Esta vez quería que fuera diferente.

—¿Y no crees que, de todos modos, con ella hubiera sido diferente?

Piensa.

—Puede ser.

—Pero bueno, tú a veces tienes ese mecanismo, ¿no?

—¿Cuál?

—El de no permitirte hacer por placer cosas que sí haces por obligación.

Recibe el golpe. Hace silencio y se queda pensando.

—Creo que sí.

Error. No era el momento para esa observación. Después de muchas sesiones Rodolfo había vuelto a tener un discurso fluido, a conectarse con sus vivencias y yo acababa de empujarlo otra vez al mundo del pensamiento obsesivo. Tenía que salir de inmediato de ahí.

—Fue un encuentro fuerte. ¿Qué sensación tuviste al quedarte solo?

Silencio.

—Discúlpame, me quedé enganchado con lo que me dijiste. Es cierto que muchas veces actúo de esa manera. Tienes razón.

—Bien. Entonces tomemos nota de este comportamiento. Estoy seguro de que lo vamos a ir identificando en diferentes situaciones de tu vida, pero hagámoslo con calma. No se trata de que ahora te pongas a hacer una lista de las veces en las que utilizaste este mecanismo. No tienes que hacer la tarea para la clase que viene. ¿Estamos?

—Sí.

—Bueno, mejor. Pero aún no respondiste a mi pregunta.

—¿Cuál?

—¿Qué te pasó después de despedirte de Valeria?

Silencio.

—Me sentí muy extraño, y muy vivo. Estaba conmocionado.

Se ríe.

—¿Qué pasa? —le pregunto.

—Que yo vivía lejos, en el barrio de la Boca, al otro extremo de la ciudad. Desde chico viví en esa zona, y me fui hasta casa caminando sin darme cuenta. Pensando en ella y en lo mágico del encuentro. Creo que fue una de las noches más lindas de mi vida.

Silencio.

—¿Cómo siguió la historia?

—Al otro día, cerca de las tres de la tarde, me llamó. Vuelve a sonreír. Es evidente que fue un momento muy feliz. Cada detalle estaba grabado en su memoria.

—¿Sabes qué me dijo?

—No.

—Me preguntó dónde cenábamos esa noche.

—¿Y tú qué le respondiste?

—Le di un lugar y una hora. «Ahí estaré», me respondió.

Silencio prolongado.

—Y así fue como empezamos a vernos. Y no dejamos de hacerlo nunca más. Hasta que… —Otra vez su angustia—. Se murió.

Estira la mano y toma la caja de pañuelos.

—Es increíble —continúa.

—¿Qué cosa?

—Que hayan pasado 12 años de esto que te estoy contando. Que haga ya diez años que Valeria está muerta.

Silencio.

—¿De qué murió Valeria?

—De un linfoma de mediastino.

Sé de qué se trata.

—¿Quieres hablar de eso?

Me mira.

—Hoy no, por favor.

—Está bien. No hay problema.

—Es más. ¿Te puedo pedir algo?

—Sí, claro.

Suspira.

—¿Me puedo ir?

—¿Ocurre algo malo?

—No. Pero me gustaría quedarme con esto que estuvimos hablando. Lo que pasó después fue tan fuerte que casi nunca puedo detenerme en los primeros momentos, los lindos, los de esa ilusión que duró tan poco.

Su pedido es auténtico. Tiene derecho a estar un rato a solas con sus recuerdos, a pensar en esa ilusión que duró tan poco... Tan poco. ¿Cuánto le duró a Rodolfo ese sueño? Aún no lo sé, pero intuyo que se trata de un dato importante.

La sesión siguiente entró en el consultorio muy serio y se sentó frente a mí. Casi ni me saludó.

—¿Qué pasa? —le pregunto.

—Supongo que hoy tengo que hablar de la enfermedad de Valeria.

Niego con la cabeza.

—No tienes la obligación de hacerlo. Puedes hablar de lo que quieras.

—Te lo agradezco, pero siento que no voy a avanzar hasta que no te cuente cómo fueron las cosas. Así que prefiero hacerlo de una vez.

—Como quieras.

Se toma unos segundos.

—¿Te acuerdas que te comenté que al otro día de conocernos fuimos a cenar?

—Sí.

—Bueno, yo había elegido un lugar íntimo y muy cálido. Entramos, encargamos la comida, pedimos un vino y nos miramos un rato largo, con la copa en la mano. Yo iba a decir algo, pero ella me detuvo. «¿Qué pasa?», le pregunté. Sus ojos se llenaron de lágrimas y me dijo que se había enamorado de mí y que lo decía muy en serio. Yo iba a responderle, pero me hizo señas con la mano para que me callara. «Déjame a mí», me ordenó. Me observaba de una manera tan especial que me emocioné, pero al mismo tiempo comprendí que algo le ocurría, aunque no supiera qué. Unos segundos después ella apretó los ojos y agachó la cabeza. Yo quería preguntarle qué pasaba, pero no me animaba a interrumpir ese momento. Me miró y me dijo: «Brindemos por habernos conocido. Y porque después, cuando salgamos de aquí, mientras hagamos el amor, te voy a contar un secreto».

Hace una pausa en su relato. Sostengo el silencio.

—¿Cómo hago para explicarte lo que sucedió? ¿Crees en los milagros?

—…

—No importa. Yo tampoco creía, hasta ese momento.

—Cuéntame cómo fue.

—Fuimos a su departamento. Era como ella, chiquito y hermoso. Cuando entramos se descalzó y me llevó de la mano hasta el cuarto. Yo había salido con muchas mujeres, tú lo sabes, pero me sentía un debutante. Los dos temblábamos en la cama.

Nos besamos un rato largo. Yo no me animaba ni siquiera a tocarla, como si temiera romper alguna clase de hechizo. Como siempre, ella tomó las decisiones. Se soltó el cabello, se quitó el suéter y me miró. «Anda, sigue tú», me dijo. Se acostó a mi lado y cerró los ojos. La desvestí con toda la delicadeza de que era capaz y la besé durante mucho, mucho tiempo. En un momento me miró y me dijo: «Por favor, hazme el amor». Y yo entré despacito, como si temiera lastimarla. Y así estuvimos mucho tiempo. En una mezcla de dulzura y pasión. —Se detiene. Está llorando. Con ese llanto calmo que produce el recuerdo de los momentos bellos—. Es la primera vez que hablo de esto.

No hago ningún gesto, no digo nada. No quiero aportar ni el más mínimo estímulo que pueda condicionar su relato. Me está mostrando un espacio sagrado de su vida. Y cuido este momento del análisis con todas las herramientas que tengo.

Pasan los minutos.

—De repente me agarró la cara entre las manos —continúa—. «Mírame», me dijo, «te voy a contar un secreto». Yo asentí. Sus labios empezaron a temblar y se puso triste, muy triste. «¿Qué pasa?», le pregunté. Ella me acarició y me dijo: «Me voy a morir», y... y me apretó contra su cuerpo.

Ahora sí, Rodolfo suelta un llanto angustiado.

Cuánto dolor guarda en su interior. Cuánta pérdida, cuánto duelo.

Miro el reloj y me doy cuenta de que en cinco minutos tengo otro paciente. Le pido disculpas y salgo un segundo del consultorio para hablar con mi asistente.

—Por favor —le digo—, llama a Hernán y avísale que no voy a poder atenderlo. Pídele disculpas de mi parte y arregla otro horario. Después le explico.

—¿Qué, te vas?

—Al contrario. No pienso salir del consultorio.

Voy a la cocina a buscar un vaso de agua. Rodolfo va a necesitarlo. La sesión de hoy será muy larga.

Aquel día, abrazados en la cama, Valeria le había contado todo acerca de su enfermedad. Le dijo que no podía darse el lujo de perder tiempo para decir lo que sentía, que se daba cuenta de que este no había sido un encuentro más para ninguno de los dos, y que no quería mentirle en nada para que él pudiera decidir qué quería hacer.

Rodolfo había vuelto a su casa con una mezcla de emociones que no podía identificar. Miedo, felicidad, angustia, incredulidad, rabia, dicha. Su cabeza era un torbellino de ideas e imágenes desordenadas.

Valeria le había pedido que no la llamara por dos días. Era el tiempo que iba a darle para que pensara si deseaba compartir con ella lo que le restaba de vida. ¿Años, meses? No lo sabía.

«Si quieres —le había dicho—, puedes no llamarme más. De todas maneras te voy a guardar en mi alma para siempre. Pero si me llamas, ten en cuenta que no quiero estar con alguien que me duela en vida. Si te quedas conmigo, mi muerte no va a ser tema de conversación. Decide».

—¿Y qué hiciste? —le pregunté.

—Le dije que no necesitaba pensarlo. Pero no me hizo caso. Me aseguró que no lo hacía por mí sino por ella. Obviamente, a los dos días la llamé.

Rodolfo sonríe. Tiene la mirada perdida. De a poco se relaja. Se siente feliz.

—Adelante —le digo—, date el gusto.

Me había dicho que nunca tuvo oportunidad de hablar de aquellos momentos iniciales, de esa etapa de ilusión que le había durado tan poco. Ahora sabía que realmente había sido demasiado poco: solamente un día. Porque a partir de ahí, aunque él intentara negarlo, la idea de la muerte de Valeria estuvo presente en cada instante de la relación. Aunque se haga un gran esfuerzo, nadie puede olvidarse de algo tan terrible y comportarse como si esa espada de Damocles no estuviera acechando su cabeza.

Sin embargo, Rodolfo habla de esa etapa de su relación con mucha alegría. Sus recuerdos están llenos de noches largas de conversaciones, risas y una maravillosa conexión sexual.

—Hacer el amor con ella era algo increíble, milagroso. Nos mirábamos emocionados. No lo podíamos creer. Además, hubo otro tema que para mí fue muy importante.

—¿Cuál?

—Hasta el día en que la conocí yo era un tipo de amistades superficiales. Salía siempre con amigos a los que solo les interesaba la peda y con los que no se podía conversar de nada serio. —Lo mismo que con la familia de Julieta, pensé, pero opté por no decirlo—. Valeria me ayudó a moverme de ese lugar, me presentó a su familia y enseguida me integró a sus afectos. Así conocí personas nobles e inteligentes que hoy son mis verdaderos amigos, los que más quiero en la vida. Ese fue otro de los regalos que me dejó. Sabes que soy hijo único, pero a partir del día en que la conocí, ya no volví a estar solo nunca más.

Se hace un silencio. Espero para ver si continúa, pero no lo hace. Yo tampoco digo nada. Me quedo pensando en esa última frase. Rodolfo acaba de decir que «no volvió a estar solo nunca más».

Y de eso estoy seguro, porque Valeria no lo debe haber abandonado ni un solo día.

Cuando conocemos a alguien, y a medida que construimos un vínculo, se va generando una imagen de esa persona que comienza a vivir en nuestra psiquis. Llamo a esa imagen «el fantasma del amado». Un fantasma que depende de esa persona real que lo originó y del sentimiento que lo alimenta. Sin embargo, tiene una existencia propia. No es algo de ti ni de mí. Es algo de sí. Algo que no desaparece con la muerte del amado. Algo que se resiste a ser expulsado y obliga a un doloroso trabajo de duelo para liberarnos. El duelo es un espacio entre dos muertes. Se inicia con la muerte del amado y culmina con la muerte de su fantasma. Sin embargo, esa muerte no es el olvido. Por el contrario. El final del duelo es el nacimiento de un recuerdo. Un recuerdo que nos habita. Que a veces nos despierta una sonrisa y otras una lágrima, sin la opresión permanente del fantasma. Comprendo que Rodolfo no pudo realizar ese trabajo y por eso no volvió a estar solo «nunca más». Porque el fantasma de Valeria todavía lo tortura.

Veo el horizonte de nuestro trabajo y lo imagino como una especie de exorcismo. Pero él ¿querrá que yo lo ayude a duelar a Valeria?

A las pocas semanas de haberse conocido se fueron a vivir juntos y se dedicaron a disfrutar el tiempo que pudieron.

Dos años.

Eso fue lo que duró ese amor, el tiempo que la enfermedad le dio a Valeria.

Tres sesiones después de haber abordado el tema, fuimos llegando al desenlace de la historia.

Valeria no respondía a los tratamientos médicos y el final se hacía inminente. Incluso él, que tanto lo había intentado, no pudo seguir negándolo.

Ella lo afrontaba con valentía, pero las hospitalizaciones se habían hecho cada vez menos espaciadas y, debido a su estado general, los médicos suspendieron la quimioterapia.

Rodolfo recuerda con claridad aquel último día.

Valeria había estado muy decaída, sin energía y le costaba respirar. Hacía una semana que él no se movía de su lado.

—Esa noche le ofrecí algo de comer y se rio. «¿Quién piensa en comer en este momento? Ven, acuéstate conmigo», me dijo.

—Narra todo esto con voz pausada, los ojos brillosos y una extraña sensación de paz. Continúa—: Me acosté y le empecé a acariciar la cara. «¿Estoy fea?», me preguntó. Yo le dije que no, que estaba tan linda como siempre. Me miró y me dijo… —se interrumpe.

—¿Qué te dijo?

—Me dijo: «Hazme el amor, entonces». Yo la besé, la abracé y me puse a llorar. Me di cuenta de que se moría y que era la última oportunidad que tenía de hablar con ella. ¿Sabes lo que se siente al mirar a alguien sabiendo que es la última vez que lo ves? ¿Querer guardarse el sonido de esa voz que no vas a escuchar? ¿La impotencia de ver que cada vez le cuesta más respirar y no puedes hacer nada? No sabes lo que duele ver morir a una persona que se ama tanto.

Claro que lo sé. Me invaden algunos recuerdos dolorosos. Pero expulso esos rostros queridos y ausentes y vuelvo a centrarme en lo que realmente importa en ese momento: Rodolfo.

—¿Entonces?

—Le dije que la amaba, que no me quería quedar solo. «¿Qué voy a hacer sin ti? No voy a poder seguir viviendo». Me miró y me apretó entre sus brazos. Yo me dejé abrazar y en un momento me di cuenta de que ella me estaba consolando a mí.

—¿Te dijo algo?

Asiente con la cabeza.

—Me dijo: «Rubio hermoso, valió la pena vivir para amarte». Se quebró y continuó diciendo: «Pero podrías haber llegado un poco antes, ¿no?».

La fuerza de su relato me conmueve. Siempre trato de escuchar palabras, no imágenes. Pero esta vez no puedo, y las cosas que me cuenta pasan por mi cabeza como escenas de una película. Los veo abrazados, despidiéndose, intentando evitar lo inevitable. Ella pálida, delgada. Él, sano y fuerte, pero temblando como un chico.

La voz de Rodolfo me trae nuevamente a la realidad.

—«Abrázame», me dijo. «Tengo miedo».

—¿Y tú qué hiciste?

—Pensé en llamar a la ambulancia. Pero cuando intenté levantarme de la cama, me rogó que no lo hiciera. «No me quiero morir sola, rodeada de desconocidos vestidos de blanco. Me quiero morir aquí, contigo… en tus brazos, sintiendo tu olor, escuchando tu voz. Por favor, es solo un poco más. No me dejes ahora, acompáñame hasta el final». Y así fue. La abracé y le acaricié la espalda. A ella le gustaba eso, siempre se dormía así…

—¿Después qué pasó?

—Me sobresalté al darme cuenta de que yo también me había dormido. Le acaricié la cara y la miré. Ya no estaba. Se había muerto.

Silencio.

—¿Y qué hiciste?

Tarda en responder.

—Me puse a llorar. La abracé fuerte, muy fuerte. Y me volví a dormir hasta la mañana siguiente.

Respiro profundo.

Quien crea que a los psicólogos no nos pasa nada cuando escuchamos a un paciente, se equivoca. A veces las emociones nos asaltan con una fuerza arrolladora. Pero debemos tener la lucidez para evitar que esas emociones interfieran en nuestra praxis. Por momentos es muy difícil. Y este era uno de esos momentos.

Rodolfo se quedó en silencio el resto de la sesión. Yo también.

A partir de entonces, el análisis de Rodolfo empezó a discurrir entre dos frentes: el de su pasado y el de su presente. Por un lado, estaban los años de donjuanismo, como él los llamaba, que habían terminado con la llegada de Valeria. Por otro, los años de abstinencia casi rigurosa que habían seguido hasta la llegada de Julieta. En mi mente veía estas dos situaciones con claridad: siete años de desenfreno y la llegada de Valeria poniendo fin a esa etapa. Luego siete años de abstinencia y la llegada de Julieta reintegrando a Rodolfo a la vida erótica. El esquema era obsesivamente simétrico y, de seguro, tenía un sentido. Pero ¿cuál? No podía encontrarlo todavía.

Suele ocurrir. El análisis se empantana. El paciente habla, viene, cumple y aun así el sentido oculto no aparece. En esos casos, vuelvo sobre las sesiones pasadas intentando encontrar la llave que nos dé acceso al misterio. Es un momento difícil.

«Gabriel —me había dicho cierta vez mi analista—, debe moderar su ansiedad. El sentido de las cosas a veces se comporta como la cola de los perros. Si usted lo persigue enloquecido, se le escapa. En cambio, si se relaja y camina tranquilo, lo seguirá por detrás. O como señaló un gran maestro: "no se desespere buscando, simplemente relájese y encuentre"».

A pesar de los años de experiencia, me sigue costando manejar esa ansiedad. Sobre todo cuando intuyo que estoy cerca de algo importante. Es una sensación que me invade con la prepotencia de lo inevitable. Pero el velo aún no se corre y debo esperar, de lo contrario, yo mismo puedo ser un obstáculo para que el sentido salga a la luz.

Necesitaba estar tranquilo porque Rodolfo era una persona acostumbrada al análisis. Y eso no siempre es conveniente. Así como esa experiencia puede allanar el camino, muchas veces el paciente tiene una gran percepción del analista y mecanismos de defensa que resisten los señalamientos y las interpretaciones. Son, como decía un amigo, «pacientes con mucho colmillo».

Recuerdo que un sábado a la mañana, para reflexionar sobre el caso, tomé su historia clínica y me fui a una cafetería. Es un ámbito que me ayuda a pensar, que me distiende, que me permite sostener una atención flotante; voy del caso a la gente que pasa, del contenido de la sesión al claxonazo, del recuerdo angustioso al sabor del café.

«A ver: pensemos», me dije.

Los neuróticos repiten. En este caso se ve una repetición. Dos ciclos de siete años seguidos por la aparición de una mujer que... Me quedé sorprendido. Había otra coincidencia que no había percibido. Esos siete años estaban seguidos por la aparición de una mujer que se quedó dos años. Porque también Julieta permaneció dos años en la vida de Rodolfo. Una lo dejó porque murió, la otra porque lo abandonó. Pero Rodolfo reconoció que él mismo había provocado ese abandono. Es decir que él se había encargado de que fueran dos años, igual que con Valeria, cerrando así un círculo perfecto.

¿Y ahora qué vendría? ¿Otros siete años de qué? Algo debíamos hacer para que Rodolfo pudiera torcer esta repetición calcada que se le imponía. Pero ¿qué? ¿Dónde estaba el secreto? En ese instante recordé cuando cursaba el profesorado de matemática y trabajaba con un ejercicio de álgebra. Era un problema de difícil solución. Un día, en una de sus clases, se me acercó el profesor titular de la cátedra, Juan Foncuberta.

—Lo veo muy preocupado —me abordó.

Asentí.

—Es que hace días que vengo lidiando con este ejercicio y no le encuentro la cuadratura.

—¿Puedo verlo?

Tomó la hoja y se quedó mirándola. A los pocos segundos me la devolvió con una sonrisa.

—Así no lo va a resolver nunca.

Lo miré extrañado.

—¿Por qué?

—Porque le falta un dato. En matemática, es necesaria una cantidad mínima de elementos para encarar la resolución de un problema. Y usted está trabajando con uno de menos. Mire bien, haga una lista de los datos que tiene y va a ver cómo aparece el que le falta. Una vez que lo identifique, vaya y trabaje para averiguarlo y, en cuanto lo tenga, encare la resolución del problema. Si no, va a trabajar en vano.

Aunque parezcan dos mundos diferentes, el pensamiento matemático está muy cerca del pensamiento psicoanalítico. Y ese recuerdo me dio una pista. ¿Podría estar cometiendo el error de intentar develar el enigma sin tener todos los datos necesarios? Estaba seguro de que era así. Faltaba al menos un elemento para descifrar el jeroglífico que proponía Rodolfo. ¿Pero cuál?

Me tomé esa mañana para pensarlo. Cuando vino a la siguiente sesión, tenía una pregunta para hacerle.

—¿A qué edad ingresaste a la facultad?

Me mira sorprendido. Sonríe.

—Veo que vamos a cambiar un poco el ángulo de la información —dice en broma.

—¿Te molesta?

—No. Lo que pasa es que no me lo esperaba.

Su respuesta es gratificante. Nada peor puede pasarle a un analista que obtener como respuesta del paciente esta frase: «Sabía que me ibas a decir eso».

No solo provoca una herida narcisista, sino que nos indica que no estamos bien orientados. La intervención analítica debe generar sorpresa. Abrir un campo que el paciente no sospechaba. Llevarlo a la duda, a la comprensión o a la pregunta. Cuando el paciente sabe o intuye lo que vamos a decirle, sus mecanismos de defensa están alertas y se pierde la posibilidad de conmover su posicionamiento subjetivo. Por eso recibo con agrado su contestación.

—Me gustaría que habláramos de esa etapa de tu vida, si no te molesta.

—Para nada. Fue hace tanto tiempo. Yo era poco más que un niño. Terminé la prepa e ingresé a la facultad. Mi familia era humilde, así que tuve que trabajar y estudiar al mismo tiempo. Pero la verdad es que, más allá del sacrificio, la universidad significó para mí la apertura a un mundo nuevo.

—¿En qué sentido?

—Mira, yo soy un hombre que está orgulloso de la familia que tuvo.

—¿Pero?

—Pero la gente que conocí en ingeniería era distinta. Tenía otros intereses, otros temas de conversación, otra manera de pensar.

—¿Te costó integrarte?

—Sí. Ya te conté que nunca tuve demasiados amigos y siempre fui un poco cerrado. Pero al menos espiaba de cerca un mundo diferente del que conocía.

—Hablemos un poco de eso.

—Yo inicié mis estudios universitarios en una época difícil. Piensa que ingresé en el 78. El ambiente era hostil para los estudiantes. Algunos compañeros la pasaron bastante mal. Y a eso súmale que yo todavía tenía ganas de estudiar música.

—¿No se te ocurrió hacerlo a pesar de la opinión de tu madre?

Abre más los ojos y se ríe.

—Mi mamá nunca te daba una opinión: te daba una orden.

—Y tú obedecías.

—Siempre.

Se entristece un poco.

—¿En qué te quedaste pensando?

—En que era un poco agresiva y…

—¿Y tú le tenías miedo?

Asiente. Advierto que se debate entre la tristeza, la rabia y la culpa que le genera tener estos sentimientos encontrados con respecto a la figura de su madre.

Al preguntarle por su ingreso a la facultad lo había llevado a sus 18 años, al final de sus estudios de preparatoria, a esa etapa en la que un adolescente enfrenta al mundo y lo contrasta con su familia. Es un periodo que suele ser conflictivo. Aunque en este caso, el conflicto parecía exacerbado.

Las sensaciones que le generaba la figura de su madre, enorme, idealizada y omnipotente al mismo tiempo, habían resultado difíciles de resolver para Rodolfo. Las actitudes límite de la mujer lo desconcertaban. Por un lado, instaba a su padre a que lo ayudara económicamente para que pudiera estudiar, y por otro, jamás lo estimulaba con el reconocimiento.

Su carácter fuerte la hacía aparecer por momentos agresiva, y Rodolfo recordaba haber sentido miedo ante muchas de sus reacciones. Cualquier discusión le hacía temer que todo terminara en un escándalo, ya fuera con los vecinos, como en el caso de Amelia, con desconocidos o con los propios miembros de la familia.

Y así Rodolfo pasó esa etapa en la cual se termina de reafirmar la personalidad entre el ejemplo valiente y noble de una familia humilde que con esfuerzo se sobrepone a sus limitaciones, y el temor y la desautorización permanentes.

Lo que se había iniciado con una pregunta que parecía inocente sobre su etapa universitaria, derivó en un tema angustiante: la relación con su madre, el amor y el odio, la admiración y la vergüenza que le había provocado al mismo tiempo y, como no podía ser de otra manera, el influjo que esto tuvo en él.

Dedicamos muchas sesiones a hablar de este periodo de su vida. Mientras tanto, a pesar de la ruptura, Rodolfo se acostaba cada tanto con Julieta, salía con alguna desconocida o hablaba conmovido de su historia con Valeria. Todo parecía muy mezclado en su cabeza. Sin embargo, más allá de las diversas temáticas que surgían, yo no quería dejar escapar su problemática edípica.

Es verdad que el Psicoanálisis le da mucha importancia a la historia del paciente. En especial a los hechos de la infancia y la adolescencia. Pero lo hace por un motivo claro. Es en esa época cuando alguien construye su psiquis, y de las experiencias pasadas dependerá cómo, por qué y a quién amará de adulto. También cuál será su modo de sufrir. El libre albedrío es una utopía. No existe la libertad absoluta, y cada decisión está de algún modo influenciada por las vivencias del pasado.

El desafío de la vida es construir el mejor destino posible con las herramientas que nos ha dejado nuestra historia.

—¿Qué hacía tu papá ante estas actitudes de tu madre?

—Mi padre era un cagón —dice y baja la cabeza—, incapaz de contradecirla y mucho menos de enfrentarla. Incluso cuando ella me regañaba, él se quedaba calladito a un costado. No se metía nunca. A lo mejor después, cuando ella se iba, se acercaba a consolarme.

—¿Y qué te decía?

—«Ya sabes cómo es tu madre». Y yo nunca supe si eso era una crítica o una justificación. Parece mentira.

Lo miro.

—¿Qué parece mentira?

—Que una mujer como ella terminara como terminó.

Le doy unos segundos y hago la pregunta.

—¿Cómo terminó tu mamá?

Hace un silencio breve. Está recordando y, por su gesto, el recuerdo le duele.

—Hecha mierda, dando lástima.

—Cuéntame.

—Mi mamá nunca se había cuidado demasiado. Vino de Polonia siendo muy chica y empezó a trabajar desde entonces haciendo lo que podía. Hizo de todo. Fue costurera, cocinera, limpió casas por hora. Lo que hubiera... Claro, mi papá era albañil y a veces no había trabajo. Entonces ella, desde siempre, fue la que solventó los gastos de la casa. Tengo imágenes de chico acompañándola a alguna casa o a buscar los pantalones que cosía. Pero es todo muy borroso. —Pausa—. Hubo una época en la que ella comía y tomaba demasiado, fumaba mucho, descansaba poco y siempre estaba nerviosa.

—Es probable que en esas épocas estuviera al límite de su tolerancia psíquica.

—Y física.

Asiento.

—Un día —continúa— llegué a casa y encontré a mi papá llorando. Me dijo que mi mamá se había sentido mal y la habían internado. Nadie sabía muy bien qué le había pasado. Él me estaba esperando para que me hiciera cargo. Claro, él era un inútil que no podía manejar la situación.

—¿Qué hiciste, entonces?

—Fui hasta el hospital. El médico me informó que mi mamá había tenido un derrame cerebral. No te voy a torturar con términos técnicos, pero la verdad es que era grave. No se sabía si iba a salir de ese trance.

Silencio.

—¿Salió?

Me mira.

—Ojalá no lo hubiera hecho.

—¿Por qué?

Hace un gesto contrariado.

—Porque las secuelas fueron tremendas.

—Cuéntame.

—Ya no volvió a trabajar nunca más. Apenas podía trasladarse y siempre con ayuda de alguno de nosotros. Se babeaba todo el tiempo y se le caía la comida de la boca, le costaba hacerse entender al hablar. Hasta se cagaba encima —su voz tiembla al decirlo—. Y lo peor era que se daba cuenta.

—¿Protestaba?

—No, jamás. Pero a veces me miraba mientras la limpiaba o le daba de comer y se le caían las lágrimas. Pobre de mi madre. Para una mujer como ella, con su energía, con su carácter, verse reducida a eso debe haber sido terrible.

—Supongo que para ti también.

—Sí. Me costaba reconocerla en ese cuerpo indefenso, en esa mujer que no podía hacer nada sola. Mi mamá —se conmueve al decirlo— había perdido la dignidad. —Esa palabra, *dignidad*, lo persigue. Está presente todo el tiempo en su discurso—. Por suerte no duró mucho. Ya sé que suena cruel, pero es lo que siento.

De repente me asalta una idea. Como si la ficha de un tetris hubiera encontrado su lugar. Mi corazón se acelera y, casi sin querer, demoro la pregunta unos segundos.

—¿Cuánto tiempo más vivió tu mamá después del derrame cerebral?

Me mira sin advertir mi tensión. Se toma unos segundos, como si estirara la intriga. Por fin responde.

—Casi dos años.

No digo nada, pero sospechaba esa respuesta.

Esos años que había durado la agonía de su madre habían sido muy difíciles para Rodolfo. Ante la falta de carácter de su padre, él tomó el mando y pasó a ocupar el lugar del «hombre de la familia». Le consultaban todas las decisiones y nadie daba un paso sin tener su aprobación.

—¿Tú cómo te sentías con esto?

—Mal, pero no me quedaba otra que aceptarlo. Casi te diría que lo viví como algo injusto, pero natural.

—¿Por qué injusto?

—Porque nadie me consultó si quería cargarme la familia al hombro y ocupar ese lugar. Yo tenía otros planes para mí. Pero acepté sin protestar y, sin preguntarme demasiado, renuncié a mis deseos personales para cumplir las expectativas de la familia.

—¿Cuáles eran tus deseos personales?

—Pensaba realizar un máster luego de recibirme. Viajar, perfeccionarme y conocer el mundo. Cosas que nunca pude hacer.

Lo escucho en silencio. Un nuevo sueño incumplido. «Viajar», «conocer el mundo». Tal vez esa haya sido una de las cosas que le atrajo de Julieta. Ella sí había podido hacer todo eso.

—Mi padre no tenía cómo hacerse cargo de la situación y mamá ya no podía trabajar. Había que cuidarla, pagar sus medicinas y mantener la casa. No íbamos a poder sostener todo...

—¿Y renunciaste?

—Sí. Pero bueno, no fue tan terrible. Por suerte, me recibí y me llevé el teléfono de algunas compañeras que más tarde utilicé. —Sonríe—. Me fui acomodando en el trabajo, progresé de a poco y desarrollé una profesión que me permitió vivir bien y ser un hombre exitoso.

No digo nada. Si pudiera escucharse se daría cuenta de que su modo de decirlo no es el de un hombre que se siente «exitoso». Pero no busco con preguntas. Sigo encontrando. Ya tengo un dato más, aunque todavía me falta al menos otro.

Trabajábamos sobre esta temática cuando algo desvió la atención de Rodolfo hacia un hecho del presente. Había aparecido en su vida una mujer: Analía. La conoció en casa de Lorena, la mejor amiga de Valeria, con la cual se visitaban cada tanto. Analía tenía 25 años y era la hermana menor de Lorena. Rodolfo se había sentido atraído por ella de inmediato.

—Yo te conozco —le dijo ella al verlo.

—¿Ah, sí?

—Claro. Tú eras el esposo de la tía Valeria. Algunas veces estuviste en casa cuando yo era chica.

«La tía Valeria». Esa frase lo impactó.

—¿Te das cuenta? —me dijo.

—¿De qué debería darme cuenta?

—De que yo la conocí cuando era una criatura. Hace como 15 años.

—De todas maneras ya no es una criatura. El tiempo no solo pasa para ti, Rodolfo. Háblame de ella.

La describe como una «chica» muy agradable, educada, linda e inteligente, cosa que él valora mucho. En cuanto la conoció se sintió tan impactado que, casi sin darse cuenta, dejó de salir con otras mujeres. Incluso interrumpió sus encuentros fugaces con Julieta.

Después de algunas semanas de *e-mails* y mensajes de texto, se decidió a llamarla. No necesitaron demasiado tiempo para comprender que algo les estaba pasando, pero él no quería concretar la relación sexual. Salían, hablaban, pero no pasaban de eso. Además, dada la relación con Lorena, decidieron mantener sus encuentros en secreto.

—¿Por qué no quieres acostarte con Analía?

—Bueno... No es fácil coger con una mujer que en realidad es casi una niña.

Rodolfo se sentía culpable. Por un lado, le molestaba la diferencia de edad; por el otro, que fuera «la sobrina» de Valeria. Por eso, a pesar de todo lo bueno que contaba acerca de Analía, no dejaba de agredirla.

—En el fondo no es más que una chamaca.

—¿Por qué dices eso?

—Porque sí. Es una nena de mamá. Sus papás le pagan los estudios, la ropa, porque ni siquiera trabaja. Te juro que a veces me dan ganas de mandarla al carajo.

—Supongo que por algo no lo harás.

—Seguro, pero no me preguntes por qué, porque no lo sé. A veces pienso si no me quedaré con ella de puro masoquista que soy.

Yo no lo creía.

Analía empezó a ser la destinataria de todos los enojos de Rodolfo. La comparaba con sus relaciones anteriores y siempre salía perdiendo.

—Fíjate que hasta Julieta, que tuvo la vida en bandeja y se podría haber tirado sobre la cama a contar dinero, se encargó de viajar y crecer como persona. En cambio Analía...

—¿«En cambio Analía» qué? —Lo interrumpo. Me mira—. A ver si entendí bien. Hasta donde sé, al igual que tú, no nació en cuna de oro y, también como tú, está a punto de recibirse con excelentes notas. ¿Verdad?

—Sí.

—Entonces no comprendo por qué te enojas tanto con ella.

—Porque es una tonta —responde, y continúa criticándola sin darle importancia a mi comentario.

Pero había algo más que me llamaba la atención: su carga de agresión era desmedida. No reconocía los logros de la joven y se ponía muy agresivo con ella. Yo veía en ese comportamiento una identificación con ese rasgo violento que tanto odiaba de su madre.

—Dime, Rodolfo —le cuestioné—. Si realmente piensas todo eso de Analía, ¿por qué no terminas tu relación con ella?

Suspira.

—Porque estoy enamorado.

Sonrío.

—Me parece bien. Pero con el amor no alcanza.

Me mira.

—¿Qué quieres decir?

—Que el amor tiene demasiada buena prensa, ¿no te parece? —Me escucha atentamente y me interroga con la mirada—. Quiero decir que el amor, como diría un matemático, es condición necesaria pero no suficiente para que una pareja funcione. Si no hay amor, difícilmente pueda sostenerse una pareja sana. Pero que el amor esté presente no garantiza que se pueda llevar adelante una relación feliz.

—¿Hacen falta otras cosas?

—Por supuesto.

—¿Cuáles?

—El respeto, la lealtad y el buen trato, por ejemplo. Sobre todo, la posibilidad de compartir un clima placentero que dé ganas de vivirlo. Muchas más veces he visto salir adelante a parejas que, amándose un poco menos, convivían en armonía; en cambio otras que se amaban muchísimo no podían llevarse bien por cuestiones de carácter.

—¿Qué me estás queriendo decir?

—Que por mucho que la ames, si no logras construir una relación que pueda ser vivida sin angustia, el pronóstico de esta pareja es muy oscuro.

—Ella también dice que me ama y que no podría vivir sin mí.

—¡Qué romántico! ¡Me vas a hacer llorar!

Me mira.

—¿Te estás burlando?

—Sí, Rodolfo, porque amar a alguien no significa no poder vivir sin esa persona. Hace un tiempo hablamos de la diferencia entre el deseo y la necesidad. ¿Te acuerdas?

—Sí.

—Bueno, aquello que trabajamos referido al sexo, también es aplicable al amor. El amor sano no implica que alguien no «pueda» vivir sin el otro o la otra, porque eso sería patológico. Implica que no «quiera» vivir sin él, o ella, aunque pueda. Que «desee» estar a su lado porque con esa persona la vida es más plena que sin ella. De modo que es muy lindo que se amen tanto, pero si tú sigues tan enojado y te cuesta tanto aceptarla, con ese amor no hacemos nada.

—Es que Analía no me completa.

—Por supuesto que no. Tampoco Julieta, ni siquiera Valeria. Porque nadie va a completarte nunca. Rodolfo, la persona amada no es la que llena todos los huecos y satisface todas las faltas, sino la que mantiene la insatisfacción en el límite de lo tolerable. Es cierto, no te completa. Pero hace que esa incompletud no duela tanto.

—Valeria sí me completaba.

—Te equivocas. Tú empezaste tu relación con ella sabiendo que en poco tiempo iba a dejar un vacío enorme. Y si no hubiera muerto, te aseguro que la sensación de falta iba a aparecer de cualquier modo. Lo siento. A lo mejor no te gusta lo que digo. Pero a cualquier persona que elijas vas a tener que aceptarla con lo que no puede. Porque nadie puede todo. Tampoco tú.

Me mira y se queda en silencio. No sé si está de acuerdo con lo que le dije. No deja traslucir ninguna emoción. Solo se queda pensando.

La relación de Rodolfo y Analía avanzaba. El compromiso afectivo crecía día a día y era evidente el amor que había entre ambos. Sin embargo, él seguía muy enojado. ¿Por qué? Era la pregunta. Todavía no encontrábamos la respuesta.

Unas semanas después trae un sueño a sesión.

—Yo vengo caminando por una calle oscura. Percibo ruidos, el rumor del agua, gritos y movimientos extraños. Me acerco y veo dos policías discutiendo con un hombre. A uno de ellos no le veo la cara. El hombre llora y les pide por favor que le devuelvan una mascota que el agente sin cara tiene en sus brazos. El policía le dice que no, porque él no está en condiciones de hacerse cargo de ella. El hombre llora y le pide otra oportunidad, pero el policía le responde que ya es tarde. En eso el policía me ve y dice: «Usted, venga. Necesito que sea testigo de esto». Yo no quiero, pero él asegura que debo hacerlo porque nadie puede negarse a hacer lo que la ley obliga. Me angustio mucho. —Pausa—. No recuerdo más.

Silencio.

—Rodolfo, ya sabes cómo es esto de analizar los sueños. Así que empecemos.

Piensa un instante.

—Bueno, la calle no puedo ubicarla bien, pero tengo la sensación de que la vi en alguna película o documental.

—¿Recuerdas cuál?

—No. Pero creo que era una película italiana. Tal vez transcurría en Venecia, por el ruido del agua.

—Bien. ¿Qué más?

—Esos gritos, esos movimientos me remiten a una discusión muy acalorada.

—¿Por qué están discutiendo?

—Por la mascota.

—¿Qué clase de mascota es?

—No sé, pero…

—¿Sí?

—Me parece que un gato. Sí, es un gato.

—Dime algo de ese gato.

Piensa.

—Es un gato cualquiera, no es de raza. Es chiquito y en realidad no es un gato sino una gata.

Duda. Se interrumpe la asociación y queda mudo. Algo lo angustió, un recuerdo que intenta reprimir está forcejeando por hacerse consciente. Observo cómo la resistencia se alza con toda su fuerza. Eso indica una cosa: del otro lado hay algo importante. Debo ayudarlo a franquear esa muralla.

—Dime qué te sugiere esa gata.

—No lo sé. Yo nunca tuve una gata.

Escucho. «Yo nunca tuve una gata». Reflexiono un segundo y le pregunto:

—Me dices que tú nunca tuviste una gata. ¿Y quién sí tuvo una?

Piensa. Resiste. Intenta. Se hace un silencio prolongado, después del cual me mira.

—No lo puedo creer.

—¿Qué?

—Lucía tenía una gata.

No apuro mi pregunta.

—¿Quién es Lucía?

—Lucía es… —se interrumpe y corrige—. Lucía fue mi primera novia.

—Háblame de ella.

Suspira. Seguramente ha pasado mucho tiempo. Necesita unos minutos para conectarse con esa parte de su historia.

—Vivíamos en el mismo barrio. Incluso nuestras familias eran amigas. Empezamos a salir cuando yo estaba en cuarto año. Así que yo tendría 16 y ella un año menos.

El sueño trajo a Lucía al presente. Veamos qué más tiene para decirnos.

—Rodolfo, dime: una calle oscura, rumores de voz, movimientos extraños, el rumor del agua y Lucía. Todos estos detalles, ¿te sugieren algo?

Se hace un silencio pesado, enorme. Cinco, seis minutos. No hace un solo movimiento. Ni siquiera me mira. Noto que su respiración es más agitada. Por fin levanta la vista. Está desencajado.

—Gabriel, yo nunca hablé de esto con nadie.

No es la primera vez que usa esa frase en sesión. Pero ahora está impactado por lo que va a contarme.

—Te escucho.

Se toma su tiempo.

—Yo amaba a Lucía. Claro, con la inocencia de un niño, pero nunca más volví a sentir por nadie lo que sentí por ella. Era tan hermosa que la miraba y no podía creer que estuviera conmigo. Nos veíamos todos los días. Solíamos caminar por las tardes, después del colegio. La pasábamos tan bien, nos reíamos tanto... Soñábamos un futuro juntos. La vida era un lugar tan lindo en aquellos días.

—¿Qué pasó?

Se toma un respiro.

—Nosotros acostumbrábamos a ir por un camino que llevaba a la ribera («Yo vengo caminando por una calle oscura. Recuerdo el rumor del agua»). Cuando llegábamos a la orilla nos quedábamos sentados, conversando. Con el tiempo, ese fue también el sitio al que íbamos por las tardes para estar un rato a solas. Te imaginarás, ¿no? Era el lugar donde nos besábamos y nos quedábamos abrazados. Pero jamás hicimos el amor. En esa época no era fácil acostarse con una chica (lo mismo había dicho con referencia a Analía, que no era fácil acostarse con una mujer que era casi una chica). Había que tener paciencia. Y yo la tenía. Hacía casi dos años que estábamos de novios cuando sucedió aquello.

Reparo en el tiempo que duró la relación, pero no hago ningún gesto.

—¿Qué sucedió?

—Era un día de primavera. Se había hecho de noche y casi no se veía nada. Estábamos besándonos, tocándonos y entonces le dije... —se detiene un instante— que quería verla desnuda. Que no iba a hacerle nada, pero que necesitaba que nos abrazáramos desnudos. —Se pone tenso. Se le nota contrariado, aprieta los puños y le cae una gota de sudor. Aclara la voz y sigue—. Ella era una niña, y me amaba tanto.

Está tratando de justificarla, como si Lucía hubiera hecho algo malo.

—¿Qué pasó entonces?

—Después de un rato logré convencerla. Le saqué la blusa y me quedé mirando su corpiño blanco. Yo estaba en una nube, te lo juro. Se lo desabroché como pude, con torpeza, y se lo quité. Ella bajó la mirada y yo me quedé mirando sus pechos tan chiquitos, tan hermosos. La abracé fuerte. «Tengo miedo», me dijo (lo mismo le diría Valeria muchos años después, la noche de su muerte). Le pedí que se relajara y le desabroché el pantalón. Me costó bajárselo al principio, pero una vez que llegó a las rodillas, fue fácil. Metí la mano en su calzón y la acaricié. Ella se sobresaltó. —Pequeña pausa—. Gabriel, fue el momento más feliz de mi vida. —Ahora la pausa es mayor—. Y como todos mis momentos felices, me duró tan poco.

Respiro profundo al escuchar esa frase final. Una frase que ha marcado su vida. Pero no puedo detenerme ahora.

—¿Qué pasó, Rodolfo?

—Estábamos tan excitados, tan unidos, cuando de repente se escucharon unas voces y unos pasos que se acercaban («percibo ruidos, gritos y movimientos extraños»). Nos quedamos congelados, no sabíamos qué hacer. De repente una linterna nos iluminó. Eran dos personas. Una, mi madre, pero la luz no me dejaba ver a la otra persona, la que llevaba la linterna. Después supe que era el padre de Lucía («me acerco y veo dos policías discutiendo con un hombre. A uno de los policías no le veo la cara»). —Silencio—. Yo no sabía qué hacer. Me quería morir. La abracé para cubrirla, pero ya todo se había escapado de nuestras manos. Ella empezó a temblar. «Vístete», le dijo su padre. Ella obedeció. Yo me quise interponer, pero mi madre me ordenó que no me metiera. —Hace una pausa. Está recordando. Respeto sus tiempos—. Pobrecita, estaba tan *shockeada* que no podía ni siquiera llorar. El padre la agarró del brazo sin decirle nada, sin violencia, parecía más avergonzado que enojado, y se la llevó. Yo me acerqué a él y le juré que no había pasado nada, que la amaba y estaba dispuesto a casarme con ella, pero que por favor no nos separaran («el hombre llora y le pide por favor que le devuelvan una mascota que el agente sin cara tiene en sus brazos»). Pero me prohibió que volviera a verla. Ni siquiera me lo dijo con enojo, sino con una profunda tristeza. Yo quise responderle, pero me interrumpió la voz de mi madre diciéndole que se quedara tranquilo, que así sería. Le rogué a mi mamá que me ayudara, pero ella me dijo que era muy mocoso para opinar en una situación tan delicada y me calló de una cachetada («el policía le dice que no porque él no está en condiciones de hacerse cargo de ella. El hombre llora y le pide otra oportunidad, pero el policía le responde que ya es tarde»).

Rodolfo hace un silencio interminable. Su rostro está empapado por el llanto. Un llanto lleno de rabia, con sabor a injusticia.

—¿Qué pasó cuando te quedaste solo con tu madre?

—No me habló en todo el camino. Al llegar a casa se encerró en el cuarto conmigo y me dijo que no íbamos a hablar con nadie de lo ocurrido, ni siquiera con mi papá. Que esto iba a quedar entre nosotros, que sería nuestro secreto y que de ahora en más tenía prohibido acercarme a Lucía. Le dije que no podía obligarme a hacer eso, y me dijo que yo iba a hacer —escucho «a ser»— lo que ella me ordenara porque para eso era mi madre. Y que no se me ocurriera desobedecerla porque las consecuencias iban a ser muy graves («yo no quiero, pero él asegura que debo hacerlo porque nadie puede negarse a hacer lo que la ley obliga»). Yo me puse como loco. Imaginaba lo mal que debía estar pasándola Lucía y tenía necesidad de estar a su lado. Se lo dije a mi mamá.

—¿Y ella qué te dijo?

Me responde en medio de un llanto acongojado.

—Que la dejara en paz, que ya le había hecho mucho daño; que le había arruinado la vida. Que de ahí en más, ante los ojos de su propia familia, Lucía iba a ser siempre una puta, y que eso era culpa mía. «Vas a arruinar siempre todo lo que toques porque no tienes *dignidad*», dijo y me dejó solo.

Pausa.

—¿Qué pasó con Lucía?

—Nos juntamos a hablar una semana después en casa de una de sus amigas. Nos abrazamos y lloramos. Estábamos desesperados. Yo le pedí que nos escapáramos. —Sonríe—. Ya sé que suena novelesco, pero piensa que teníamos 17 y 18 años.

—¿Y ella qué te respondió? —le pregunto, sin dar por válido su comentario.

—Que no. Que no se animaba y que no estaba dispuesta a exponerse todavía más. «Fue algo muy duro para mí. Mi papá no me dijo nada. Ni una palabra. Pobrecito, estaba tan abatido, tan decepcionado. Yo no puedo hacerle más daño». Me miró a los ojos y me dijo: «Nunca voy a amar a nadie como te amo a ti. Y te juro que no te voy a olvidar jamás. Pero quiero que no nos veamos más». Yo estaba desbordado de angustia, pero en algún punto sentí que ella tenía razón. La abracé con todas mis fuerzas y le dije que ella iba a ser siempre mi mujer y que no iba a haber otra en mi vida... Qué estupidez, ¿no?

Lo miro. Esa promesa no es ninguna estupidez. Por el contrario, Rodolfo no ha hecho otra cosa que cumplirla a lo largo de todos estos años.

Muchas veces ocurre que después de sesiones tan complejas, tan reveladoras, los pacientes necesitan un respiro, dejar reposar todo lo que ha salido a la luz antes de ponerse a reconstruir el espejo con los pedazos de vidrios sueltos que hemos logrado juntar. Con Rodolfo no nos dimos ese tiempo. En la siguiente sesión nos abocamos de lleno a analizar lo que había surgido.

—Supongo que todo lo que estuvimos trabajando tiene que ver con mi presente. Ayúdame a entender de qué manera esto es así.

Me pide algo difícil. Que traduzca en un lenguaje lógico lo que fue un torbellino de emociones. Emociones que son parte de su historia.

No es lo mismo el pasado que la historia. El pasado es una suma de hechos que ocurrieron hace un tiempo. Hechos inamovibles. Hechos que no pueden cambiarse. En cambio, la historia es la apropiación que cada sujeto hace de su pasado. La diferencia entre el pasado y la historia es la diferencia que existe entre la realidad y la verdad. La realidad la marcan los hechos. La verdad, el modo en que esos hechos quedan guardados dentro de cada persona y cómo marcan su vida. El pasado puede ser común. La historia es única y personal.

Rodolfo, su madre, Lucía y su papá compartieron un mismo hecho pasado. Pero cada uno de ellos construyó su propia historia. En el caso de mi paciente, una historia que lo empujó a un mundo de desencuentros amorosos, a elecciones que lo condenaron a la soledad. En esta sesión me pide que ilumine la oscuridad que lo acompaña desde aquella noche. Y voy a intentarlo.

—Rodolfo —intento explicarme—, podríamos dividir tu vida desde el comienzo de tu relación con Lucía hasta ahora en periodos de nueve años, subdivididos en una etapa de dos y una de siete. —Me mira con atención. Sé que estoy apelando a toda su concentración e intento ser lo más claro que puedo—.

Es decir que el primer periodo sería desde los 16 hasta los 25 años. ¿Qué ocurrió en esa etapa?

—Conocí a Lucía.

—Correcto. Y fuiste su novio durante dos años. Hasta que ocurrió un hecho traumático.

—El día que nos descubrieron y nos obligaron a separarnos.

—Sí y no.

Me mira.

—Explícate.

—Es cierto que los descubrieron y que quisieron obligarlos a separarse. Pero no lo lograron, porque tú fuiste a verla, le hablaste y le propusiste que se fugaran o que siguieran juntos a escondidas. Entonces, no fueron sus padres los que los separaron, sino Lucía la que no quiso seguir adelante.

Piensa.

—Nunca lo había visto así.

Breve silencio.

—Hace mucho tiempo, al hablar de Valeria, dijiste una frase que me quedó resonando.

—¿Cuál?

—Dijiste: «Esa sí era una persona luchadora». Y yo pensé: «¿Quién no?». Pensé que podía ser Julieta, o tu amigo Sergio, pero ahora me parece que no.

—Era Lucía.

Asiento.

—Pero sigamos. ¿Qué pasó después de tu ruptura con ella? —Me mira sin saber qué responder—. Vinieron siete años en los que casi no te relacionaste con ninguna mujer, y te dedicaste solo a estudiar. Es tu etapa de facultad y pusiste toda tu energía ahí. ¿Sabes cómo llamamos los psicólogos a eso?

—No.

—Sublimación. Es un mecanismo psíquico que consiste en derivar la energía sexual a otra cosa, a algo constructivo y relacionado con la cultura. En tu caso, una carrera universitaria. ¿Entiendes?

—Sí. Sigue, por favor.

—Llegamos a tus 25 años. ¿Qué pasó, entonces? Me mira.

—Se enfermó mi mamá.

—Exacto. Tu madre tuvo un derrame cerebral que la dejó incapaz de hacerse cargo de sí misma. Y esa figura fuerte, altiva, esa ley que te había prohibido amar allá en tus 18 años, desapareció. Quedó un ser débil y dependiente de ti. Y además tu padre, asustado e impotente, te nombró heredero y te dio la corona de hombre de la casa. ¿Y tú qué hiciste?

—La acepté.

—Sí, y volviste a renunciar a un sueño, como antes lo habías hecho con Lucía. Esta vez tuviste que renunciar a viajar, hacer un máster y conocer el mundo. Hasta que tu mamá murió dos años después.

—En realidad no fueron dos años exactos. Sonrío.

—Es el problema que tiene la psicología. No es una ciencia exacta, y a veces existe alguna pequeña diferencia entre el tiempo psíquico y el tiempo real. Pero concédeme que los periodos se suceden con bastante precisión.

También sonríe.

—Lo sé. Estaba bromeando para distenderme un poco.

—Te entiendo. —Lo miro. Está expectante. Quiere seguir—. Después de la muerte de tu mamá, ¿qué ocurrió?

—Mi periodo de reviente. Esa etapa en la que salí con todas las mujeres que pude.

—Y tú sabes que salir con todas es salir con ninguna. Es decir que siempre has tratado de estar solo. De cumplir aquella promesa que le hiciste a Lucía: no tener jamás otra mujer.

—Pero esta etapa termina cuando llega Valeria.

—Así es.

—¿Entonces? ¿Por qué con ella sí pude tener una historia de amor?

Lo miro.

—Rodolfo, ¿te acuerdas de que hace tiempo manejamos la idea de que entre esas mujeres con las que salías, que parecían todas diferentes, era probable que hubiera algún rasgo en común?

—Claro que lo recuerdo. Estuve meses pensando en eso.

—Bueno, creo que lo hemos descubierto. —Me mira asombrado—. El rasgo en común es que con ninguna de esas mujeres podías proyectar un futuro. Porque no te gustaban lo suficiente, o tenían una familia hueca y altiva, o no las respetabas intelectualmente. Por el motivo que fuera, ninguna tenía la posibilidad de convertirse en tu mujer.

—Pero Valeria sí —parece defenderla.

—Valeria era la menos posible de todas las mujeres, la que mejor encajaba en tu plan de no tener nunca una familia. Por eso te relajaste y te permitiste sentir y amarla como a ninguna otra. No corrías el riesgo de romper con ella tu promesa a Lucía, porque Valeria se estaba muriendo.

Le conmueve lo que le digo. Parece incluso enojado.

—¿Quieres decir que yo me enamoré de ella solo porque se estaba muriendo?

La pregunta es difícil. Pretende que dictamine acerca de la veracidad de su amor, y yo no soy quién para hacerlo.

—No. Lo que quiero decir es que te permitiste enamorarte porque la relación no tenía futuro. Si de verdad amaste o no a Valeria, es algo que solo tú puedes responderte. Pero hay algo que es cierto. Valeria te permitió estar a su lado, ser su pareja y protegerla, cosa que Lucía no se animó a hacer. Y creo que tú necesitabas poder cuidar, no solo a tu familia, sino a una mujer que no sea tu madre.

Se queda pensando.

—Gabriel, estoy seguro de que la amé.

Lo miro.

—Yo también —respondo con sinceridad—. Es más, ese amor te devolvió algo que tu mamá te había quitado en aquella charla de tu adolescencia.

Me mira asombrado.

—¿Qué?

—La dignidad.

Se conmueve. Le doy tiempo para que asimile lo que acabo de decirle.

—Es cierto —me dice llorando—, porque yo con ella me convertí en un hombre digno. Y a lo mejor por eso, a pesar del final que tuvo la historia, me sentí feliz.

Ratifico sus palabras con un gesto.

—Pero casi a los dos años se repite un nuevo hecho traumático. La muerte de Valeria.

—Sí. Y nuevamente me aislé de las mujeres. ¿Otra vez sublimé?

—Creo que sí. Te dedicaste a dos cosas, una afectiva y otra material. La amistad con aquellos amigos que Valeria te dejó, esos que, según tus propias palabras, son «las personas más importantes de tu vida», y el trabajo. Porque en ese lapso te convertiste en un ingeniero exitoso. Pusiste todas tus energías en eso, y lo lograste.

—Hasta que a los siete años aparece Julieta con la cual estoy dos años y me peleo. Es tan obsesivo, tan mecánico, que me siento un tarado.

Sonrío.

—Muchas personas tienen tiempos psíquicos que condicionan sus vidas. Pero no todos tienen, como tú, el valor para modificarlos.

Piensa unos segundos.

—Y con Julieta «logré» que me abandonara para seguir cumpliendo mi mandato.

—Eso creo, pero no sin antes enojarte con ella.

—Es cierto, aunque todavía no sé por qué.

—Es posible que por dos cosas. —Me mira—. La primera, según tú, porque era una insensible que vivía encandilada con valores superfluos.

—Eso es cierto.

—Sí, pero ¿no te parece que lo que realmente te enojó es que Julieta fue el espejo de tu deseo incumplido?

—¿Qué quieres decir?

—¿Te acuerdas que, al empezar el tratamiento, te dije que cuando alguien se enoja tanto con algo o con alguien es porque en algún punto esto lo implica?

—Sí.

—Bueno, creo que es posible que lo que Julieta logró, a pesar de su supuesta superficialidad, te haya remitido a lo que tú no conseguiste a pesar de tu inteligencia. ¿No te parece? Tú tenías todo para hacerlo y no lo hiciste. Como Sergio. En cambio, ella sí lo hizo.

No dice nada. Me mira. Está procesando lo que dije. Tal vez ahora todo le parece tan obvio, tan fácil. Suele ocurrir de esta manera. Cuando uno comienza a acomodar las piezas del rompecabezas hay un momento en que la solución parece sencilla. Pero no lo es. Por el contrario, es el fruto de un enorme esfuerzo.

—Y además, creo que te enojaste tanto con ella porque sentiste que esta historia te volvió a quitar la dignidad.

Nuevamente hace silencio. Sus ojos se enrojecen de rabia y tristeza.

—Es cierto. Yo me había degradado al querer disfrazarme de alguien que no era.

Recuerdo que cuando lo vi entrar en el consultorio por primera vez me llamó la atención su desprolijidad. Ese intento de diferenciarse de la familia de Julieta lo alejó de quien era en realidad. Apenas ahora percibo que esto cambió desde hace un tiempo. A veces los analistas también tardamos en darnos cuenta de lo obvio.

Me mira con una mezcla de emociones.

—Me siento raro —dice después de unos segundos de silencio.

—Cuéntame.

—Sí, porque estoy contento, enojado, angustiado, ansioso e ilusionado, todo al mismo tiempo. ¿Se habrá desencadenado mi psicosis? —bromea.

—No. —Me río—. Loco no se vuelve el que quiere sino el que puede. Y tú, por estructura, no puedes.

—¿Entonces?

—Entonces tienes que hacerte cargo de lo que sientes y pensar en que cada una de esas emociones tiene un sentido. Tienes por qué estar triste y por qué estar alegre. Tienes motivos para la angustia y también para la ilusión. Esto es todo un avance.

—La verdad que sí.

Hace un silencio largo. Estoy a punto de cortar la sesión cuando me detiene.

—Solo una pregunta más.

—Te escucho.

—Esa serie parece haberse interrumpido ahora. Ya que ni me volqué a la abstinencia, ni al reviente, ni esperé siete años para salir con otra mujer.

—Así es.

—¿Qué hice de diferente?

—Pediste ayuda.

Piensa.

—Es cierto. Porque yo hice unos cuantos análisis antes de este, lo sabes. Pero ahora que lo pienso, siempre los empezaba y los terminaba en medio de esos periodos, nunca en alguno de sus puntos de quiebre. A lo mejor eso tuvo que ver.

—Puede ser.

—¿Y Analía?

—¿Qué pasa con ella?

—Quiero saber cómo encaja en esta historia.

Pienso un segundo. No sé si hablar o no. Al fin me decido.

—Es probable que remita a los dos amores importantes de tu vida. Porque por un lado es una chica hermosa y pequeña a la que conociste siendo una niña, como a Lucía, y por otro, la cercanía con «la tía Valeria» es más que obvia. ¿No te parece?

Piensa.

—¿Eso quiere decir que es una elección enferma? ¿Que no puedo amarla de verdad?

—No. Eso quiere decir que tienes la opción de no repetir la historia de siempre. Si es con o sin ella, depende de ti. Es más: lo que hagas de tu vida de aquí en más está en tus manos.

Ha pasado un año desde aquella sesión. Rodolfo trabajó sobre todas sus pérdidas: la inocencia, la libertad para amar, Valeria, la dignidad, el máster, entre otras. También nos dedicamos a elaborar su ambivalencia de amor y odio con respecto a su madre. Necesitaba reconciliarse con ella y lo ha logrado.

Esto reinstaló el tema de sus viajes de estudio; llegó a la conclusión de que hacer un doctorado significaba para él lograr un nombre propio, y eso era equivalente a dejar de ser hijo y abrir la posibilidad de ser padre.

Terminó su relación con Analía sin que tuvieran relaciones. Trabajó duro para ver qué era lo que tanto lo enojaba de ella, y pudo descubrirlo: Analía representaba para él una mujer posible. La única que no podía prohibirle su madre, que no estaba a punto de morir y que le permitía estar en pareja sin perder la dignidad. La única relación con un futuro probable, no condenada de antemano al tiempo o al fracaso. La que le permitía desafiar la promesa hecha a Lucía hacía tantos años. Pero estaba demasiado unida al recuerdo de Valeria. Por eso prefirió no avanzar en esa relación.

Rodolfo está solo y tranquilo, aunque sueña con la posibilidad de una familia.

Hace un mes me manifestó su deseo de interrumpir el análisis, y así lo hicimos. Se sentía bien con su vida y no quería continuar.

En lo personal, me quedaron algunas preguntas sin responder. Datos que fueron encajando en mi cabeza y que no llegamos a trabajar. Porque, de esto estoy convencido, el ciclo había empezado antes. Siete años estudió de la mano de Amelia y dos cursó el conservatorio. Dos años pasaron también entre la pelea de su madre con su profesora y el comienzo de su noviazgo con Lucía. Y me pregunto: ¿habrá ocurrido algo importante en su infancia, a los dos años, o tal vez a los siete, que diera origen a esa cadena de repeticiones dolorosas? ¿Tendría que ver con su padre, a quien omitió durante casi todo el análisis?

También me hubiera gustado recuperar al músico que vive en él. Que hubiera podido darle un lugar a ese deseo, tal vez el más grande de su vida. Pero no fue así. Su piano sigue silencioso y arrumbado en un rincón del comedor. Tal vez esperando.

Como su sueño de familia y su paternidad. Pero esas eran mis expectativas. No las de él.

Freud advirtió que los terapeutas debíamos cuidarnos del *furor curandis*, ese anhelo que nos lleva a empujar el tratamiento siempre un poco más.

No existe la completud. Todo sujeto estará siempre en falta, aun aquellos que hayan concluido un análisis. Y, como analista, debo aceparlo para no caer en el *abuso del deseo de sanar*.

Es posible que yo quisiera continuar un poco más. Pero Rodolfo tenía derecho a elegir su propia vida. Y así lo hizo.

CASO CUATRO: ROCÍO

SEXUALIDAD, ADOLESCENCIA, DUELO

4

A pesar de que su horario de clases había terminado al mediodía, Rocío llegó a las siete de la tarde con el uniforme escolar. Con el tiempo me acostumbraría a verla vestida así porque lo llevaba puesto casi todo el tiempo.

La noté incómoda.

—Te escuché varias veces en la radio —me dijo—. Me parecías un tipo muy buena onda, pero supongo que si mi madre te eligió, algo malo debes tener.

Esa fue la primera frase que Rocío dijo en mi consultorio. Dura, cortante, agresiva.

De estatura mediana, muy bonita, morena y de mirada profunda, esa adolescente de 16 años me arrojó en la cara su descontento por tener que venir a verme.

—¿Te molesta estar aquí?

—Más o menos.

—¿Me quieres contar?

—No.

Nuestra relación no ha empezado de la mejor manera.

—¿Es solo mi idea o estás muy enojada?

—No hace falta ser psicólogo para darse cuenta de eso.

El vínculo entre analista y paciente se denomina «transferencia», y es uno de los pilares más importantes del tratamiento. La transferencia puede aparecer aun antes de que ambos se conozcan. Llega, por ejemplo, a través de una recomendación de alguien que habla de nosotros, de algo que hemos escrito o, como en este caso, porque me había escuchado en la radio y le parecí «buena onda». Es lo que se llama «transferencia imaginaria».

Es de esperar que con el tiempo aparezca una construcción más firme, sostenida en las intervenciones del analista y en los momentos que incentivan la confianza en el paciente, la creencia de que ese profesional lo entiende y sabe cómo ayudarlo. Es lo que llamamos «transferencia simbólica». La que en verdad sostiene el análisis. Existe también la «transferencia real», que describe momentos extremos del proceso analítico.

Pero también diferenciamos la transferencia «positiva» de la «negativa». La primera se manifiesta como una corriente de confianza y cariño por el analista. Su vertiente peligrosa para el tratamiento aparece cuando el paciente erotiza el vínculo.

La transferencia negativa se ve en el surgimiento de pensamientos o emociones agresivas que se dirigen a la persona del analista. Es lo que ocurre en este momento con Rocío.

De este modo nos va a ser difícil avanzar. Se hace necesaria una intervención fuerte para revertir esta actitud con la que llegó. Es arriesgado, sobre todo en una adolescente y en la primera entrevista, pero no tengo opción. O se queda o se va. Pero de esta manera no podremos transitar el análisis.

La miro y me pongo de pie.

—Bueno, ¿sabes qué? Mejor aquí lo dejamos.

Me mira sorprendida.

—¿Qué, ya se terminó?

—Sí, se terminó.

—No entiendo.

—No es tan difícil de entender. Por lo que veo, tú no tienes ganas de hablar conmigo, y yo no tengo ningún deseo de perder mi tiempo y mucho menos obligarte a hacer algo que no te interesa. Por algún motivo, que yo desconozco, te sientes molesta con esta situación y reaccionas agrediéndome. Y eso no es productivo ni para ti ni para mí. Así que mejor nos ahorramos los dos este momento desagradable. ¿Te parece?

Duda.

—Pero mi mamá me dijo que tenía que venir —dice en un tono casi infantil.

—Sí, pero yo jamás trabajo con un paciente que no tiene ganas de analizarse conmigo. Así que voy a llamar a tu mamá para decirle que decidimos no iniciar el tratamiento.

—Pero ella me dijo que ya se habían puesto de acuerdo.

—Es cierto, pero faltaba un detalle fundamental. Que también nosotros llegáramos a un acuerdo. Porque aquí no importamos ni tu mamá ni yo. Aquí la única persona importante eres tú que, en definitiva, ibas a ser mi paciente. Pero por lo que veo eso no va a ser posible.

Se pone de pie un poco desconcertada. Después de todo, es una adolescente.

—¿Y qué le digo?

—¿A quién?

—A mi mamá.

Me encojo de hombros.

—Dile lo que quieras. Ya eres grande, ¿o no?

Silencio.

—¿Tú vas a hablar con ella?

—Por supuesto.

Me mira fijo.

—Me vas a echar de cabeza —afirma angustiada.

También la miro. Con seriedad, pero sin enojo.

—Jamás en la vida eché de cabeza a un paciente. Si eso es lo que creías que yo iba a ser, un informante de tu madre, te equivocaste. Trabajo de analista, no de soplón —le digo en tono relajado pero firme.

Intenta sostenerme la mirada, pero baja la cabeza.

—Empecé de la fregada, ¿no?

Su frescura me hace sonreír.

—Si quieres, podemos empezar de nuevo.

Nos quedamos en silencio hasta que vuelve a sentarse. Tomo eso como un sí y también vuelvo a mi sillón.

—No te asustes —dice mucho más amable—. No siempre soy tan desagradable.

—Quédate tranquila. Yo tampoco.

Lorena, la mamá de Rocío, me había solicitado una entrevista para ver si podía hacerme cargo del tratamiento de su hija. Era una mujer de 38 años que trabajaba como ejecutiva en una empresa multinacional. Había enviudado hacía dos. Su esposo Alejandro, a los 44 años, había sufrido un infarto mientras jugaba un partido de futbol con amigos. Era dueño de una franquicia importante que ahora manejaba su hermano, y las había dejado en una buena posición económica.

Según me contó, estaba preocupada porque veía a su hija ausente, agresiva y distante. Y no solo con ella. También se había alejado de su grupo de amigas de toda la vida.

—Rocío va a ese colegio desde que tiene cuatro años. Se conoce desde siempre con los otros chicos. Prácticamente aprendieron a hablar juntos. Sin embargo, hace un tiempo que no quiere salir con ellos, ni invitar a alguna amiga a dormir a casa. Nada. Lo único que le interesa es encontrarse con Rodrigo.

—¿Quién es Rodrigo?

—Un chico «un poco raro» con el que está saliendo.

Manifiesta que su hija no tiene dificultades en el colegio. Alguna que otra llamada de atención motivada más por su falta de interés o por alguna contestación fuera de lugar que por cuestiones de rendimiento escolar.

—Creo que no puede superar la muerte de su papá —me dice con cierta inquietud.

—Convengamos que no es un tema fácil de superar. Mucho menos a su edad.

—Lo imagino. Pero la verdad es que ella ya había empezado a comportarse de un modo extraño desde antes de que Alejandro muriera. Después, empeoró todo.

Lorena está realmente apesadumbrada y es comprensible que así sea. En general, a los padres les cuesta entender a sus hijos adolescentes. De repente el niño o la niña que correteaba por la casa y los veía como dioses comienza a contestar mal, a desobedecer de un modo desafiante y muestra conductas desconocidas hasta ese momento. Y esos padres se sienten desubicados, como si estuvieran frente a un extraño. En parte es así. Pero sería un error pensar que esto solo los afecta a ellos. Por el contrario, los adolescentes también atraviesan este periodo con mucha angustia. No es para menos.

En 1915 se publicó una historia imaginada por Franz Kafka. Quizás el más famoso de sus libros: *La metamorfosis*. Aunque la traducción más acertada del alemán sería *La transformación*.

La obra cuenta la historia de Gregorio Samsa, un viajero vendedor de telas, quien se despierta una mañana después de lo que cree ha sido una pesadilla. Pero de a poco comprende que por alguna extraña razón va transformándose en un insecto. Le crecen patas, su mandíbula se hace más fuerte y un caparazón comienza a salir donde antes estaba su espalda.

La metamorfosis inaugura el género de la literatura absurda. Sin embargo, es una dura metáfora de experiencias humanas. Algunos sugieren que Kafka anticipó la llegada del nazismo y el modo en que hombres y mujeres de la colectividad judía serían tratados como si de un día para el otro se hubieran convertido en insectos. Otros sostienen que el autor refiere la soledad y la extrañeza del hombre frente a una sociedad que lo cosifica. También podemos tomar el relato como una alegoría de lo que ocurre durante la adolescencia. No es casual que diez años antes de la salida del libro de Kafka, Freud publicara su ensayo *Metamorfosis de la pubertad* para explicar el desafío que impone esta etapa. Un drama que, como en la obra kafkiana, no solo enfrenta el protagonista sino toda su familia.

Avancemos en esta dirección. Imaginemos que un día, como si se tratara de una película de terror, nos despertáramos y comprendiéramos que el mundo ha cambiado. Nuestro cuerpo es diferente, nuestra voz ya no es la misma y nuestras necesidades y deseos también son otros. Incluso nuestra familia, ese ámbito hasta ahora seguro y protector, se ha llenado de personas que nos miran de un modo extraño y amenazante.

Nadie como los adolescentes encarnan las palabras de Jorge Luis Borges: «¿Quién soy? Estoy tratando de descubrirlo».

Este proceso de descubrimiento siempre es difícil y moviliza sensaciones y sentimientos que no todos pueden sobrellevar sin ayuda. Más aún, alguien que, como Rocío, acababa de tener una pérdida tan grande como la muerte de un padre.

La cuestión de lo que yo pudiera contarle a su mamá era un motivo de preocupación para ella y acerca de esto conversamos antes de dar comienzo al análisis.

—Rocío, tú eres menor de edad y, te guste o no, estás a cargo de tu mamá. Eso te otorga ciertos derechos, como que ella te dé un lugar para vivir, que se encargue de tus estudios, tu ropa, tu comida y tu cuidado. Pero también le da derechos a tu madre. Y uno de esos derechos es saber adónde vas, a qué hora vuelves o, como en este caso, cómo está tu «salud psíquica».

—Qué feo sonó eso de salud psíquica.

—Es un término profesional. No te asustes.

—No, no me asusto. Pero ¿lo que me estás diciendo es que estás obligado a contarle a mi mamá todo lo que yo te diga?

—No. Te estoy diciendo que es muy probable que me reúna a hablar con ella para decirle cómo estás, que deba avisarle en caso de que me parezca que corres algún riesgo y que acepte verla cuando me pida una entrevista para hablar de ti. También tengo la libertad de llamarla en caso de considerarlo necesario para tu análisis. Por supuesto que ninguna de estas cosas las voy a hacer sin avisarte antes.

—¿Me vas a pedir permiso?

—No. Pero te voy a avisar.

—¿Y si yo no quiero?

—Lo conversaremos hasta llegar a un acuerdo.

—¿Y si no llegamos a un acuerdo?

—Entonces, voy a evaluar lo que considere mejor para ti.

—Eso quiere decir que es probable que veas a mi mamá, aunque yo no quiera.

—Así es.

Silencio.

—¿Estás de acuerdo?

—¿Puedo pensarlo un poco?

—Por supuesto.

Rocío se fue de mi consultorio con la consigna de llamarme cuando tomara una decisión acerca de si estaba dispuesta a iniciar un análisis conmigo. Esa misma noche me llamó.

—Gabriel, ¿te puedo hacer una última pregunta antes de decidirme?

—La que quieras.

Breve silencio.

—No me vas a traicionar, ¿o sí?

Algo en el tono de su voz me impactó. E inmediatamente lo asocié con el temor a ser delatada por mí ante su madre: «Me vas a echar de cabeza», me había dicho en nuestro primer encuentro. ¿Qué le pasaba con el tema de la traición? ¿Quién la había traicionado y cuál era el secreto que temía revelar? No tenía respuestas para estas interrogantes, pero sí para la pregunta que me había hecho.

—No, Rocío. No te voy a traicionar.

Escucho un suspiro de alivio.

—Entonces acepto.

—Muy bien. Te espero la semana que viene. ¿De acuerdo?

—Sí.

—Bueno, un beso.

—Gracias. Otro.

Colgué y me quedé pensando.

Es poco frecuente que trabaje con pacientes tan chicos. Tal vez me sienta más a gusto en el análisis con adultos. Los adolescentes tienen características particulares. Sus mecanismos de defensa están cambiando. Ya no sirven los de la niñez y aún no se han afirmado los del adulto. Suele haber en ellos lo que llamamos «pasaje al acto», una imposibilidad de hablar y simbolizar lo que les pasa que suele empujarlos a comportamientos que en algunos casos pueden llegar a ser graves. Desde ausentarse una noche de su casa, cortarse o iniciarse en el consumo de drogas. Hay que vérselas además con los padres. Una tarea que no siempre resulta fácil.

Muchas veces, el hijo o la hija son colocados en el lugar del síntoma, del chivo expiatorio sobre el cual cae toda la responsabilidad del sufrimiento familiar. Ellos son el problema y, ubicados en ese rol, resultan funcionales a todos y pagan con su sufrimiento el costo de la patología del hogar. En tales casos, cuando el análisis logra que los hijos se muevan de ese sitio, es común que los padres se enojen con nosotros, desvaloricen nuestro trabajo con el argumento de que «ahora está peor que antes» o decidan interrumpir el tratamiento.

Recuerdo el caso de Sebastián, un joven de 14 años que durante mucho tiempo cargó sobre sus hombros con la responsabilidad de sostener el matrimonio de sus padres. Fracasaba en el colegio, peleaba con sus compañeros y se encerraba en una soledad agresiva. Al parecer era el único problema de una familia hermosa. Sin embargo, cuando el análisis lo ayudó a abandonar ese lugar sufriente y hacerse cargo solo de lo que realmente le concernía, la estabilidad familiar mostró sus grietas. Hacía tiempo que los padres no eran felices juntos. La mujer, aunque no había concretado, estaba enamorada de otra persona, y el papá miraba de modo obsesivo a Sebastián para no ver el problema que tenía frente a sus ojos.

La cura del hijo marcó el final del matrimonio.

El análisis siempre tiene un costo. Un costo que vale la pena pagar.

Otra característica del trabajo con niños o adolescentes es que el motivo de consulta se bifurca porque hay dos intereses en juego. Por un lado, está el que traen los padres. En el caso de Rocío, su mamá estaba preocupada por cómo su hija sobrellevaba el duelo por la muerte de su papá y por el aislamiento en que la veía. Por otro lado, está la demanda del paciente, el que viene al consultorio cada semana y trabaja con nosotros. Muchas veces, para que pueda desplegarse esta demanda, hay que trabajar un tiempo más o menos prolongado. Ayudarlo a comprometerse con el trabajo analítico. Derrumbar la sensación de que vienen «porque los manda la mamá» y así poder desplegar su deseo como analizante. Con Rocío este trabajo comenzó casi de inmediato.

Algo me había hecho aceptar este caso. Rocío había decidido confiar en mí y yo, se lo había prometido, no iba a traicionarla.

—Mi mamá me dice que tengo que venir y hablar de mi papá.
—¿Y tú qué piensas de eso?
—No sé. A mí me duele la muerte de mi padre, obvio. ¿A quién le puede gustar tener a su papá muerto? —Su relato es pausado. Su voz se quiebra apenas—. Hay noches en las que aprieto la cara contra la almohada para que mi mamá no me escuche y lloro.
La imagino sufriendo en soledad para que la mamá no la escuche. Tal vez no sea solo su deseo de vivir íntimamente su aflicción. Quizás, a su manera, está tratando de cuidarla y no quiere que ella sepa cuánto sufre para no causarle un dolor más. Pero en esta sesión el tema no avanza en dirección a Lorena. Hoy ha decidido hablar de su padre.
—¿Lo tienes muy presente?
Sonríe triste.

—Claro, mi papá era lo máximo.

Busca en uno de sus bolsillos y extrae el celular.

Me lo da para que mire el fondo de pantalla. Es una foto donde se le ve abrazada a él. La miro unos segundos y se lo devuelvo.

—¿Se llevaban bien?

—Sí, a pesar de que no hablábamos mucho. Bah, no es fácil hablar conmigo porque soy muy callada.

—…

—Pero me gustaba salir a caminar con él. Dábamos vueltas en silencio. Me abrazaba… Pobre, a veces no sabía qué preguntarme para generar un tema de conversación. Pero yo no necesitaba hablar. Me bastaba con que estuviéramos juntos. A lo mejor… —se interrumpe.

—¿Qué?

—Si yo hubiera hablado más habría podido hacerlo más feliz.

La frase no viene acompañada de una emoción culposa. Solo está reflexionando. Por eso no pregunto nada al respecto.

—¿Qué es lo que más extrañas de él?

Piensa.

—Tal vez te suene raro. Pero no sé si lo extraño… lo que me duele no es no poder verlo ahora sino saber que no voy a verlo nunca más. ¿Me entiendes?

—Sí.

—¿Está mal?

—¿Por qué habría de estar mal? Cada sujeto transita sus ausencias como puede. —Sonríe—. ¿Qué pasa?

—Tú trabajas siempre con gente grande, ¿no?

—Por lo general, sí. ¿Por qué?

—Por cómo hablas. «Cada sujeto transita sus ausencias como puede».

Me río.

—Tienes razón. Suena muy acartonado, ¿no?

—Todo bien. Cada sujeto habla con sus pacientes como puede —bromea tratando de imitar mi voz.

Vuelvo a reír.

—Gabriel —me interroga gravemente—, ¿tú crees en Dios?

No me parece conveniente responder.

—¿A qué viene esa pregunta?

—Digo, ¿tú crees que mi papá me mira desde algún lugar?

—¿Por qué? ¿Te preocupa que vea algo que estás haciendo?

Suspira.

—No. No hago tantas cosas malas como tú y mi mamá suponen.

—Te equivocas. No sé si tu mamá supone algo, pero yo no supongo nada. Por eso te pregunto. ¿Te inquieta el tema?

—No. Pero a veces, desde que él no está, pienso si habrá algo después de la muerte.

—¿Y qué crees?

—Que no hay nada. Que mi papá ya no está en ningún lado y que la vida es una mierda.

Adulto, decía Tournier, es toda persona que, sin importar su edad, haya perdido un ser querido. Y, en ese sentido, Rocío ya era una adulta.

En esa sesión hablamos mucho de su padre. Lloró. Estaba triste, pero no me dio la impresión de que atravesara el duelo de un modo patológico.

Dos enfermedades acechan a quien ha perdido un ser querido: la melancolía y la depresión.

En la primera, como expresó Freud, «la sombra del objeto ha caído sobre el Yo». Esto significa que el amado ausente es una presencia constante que ensombrece la vida de la persona en duelo. Aparece a cada instante, se le impone desde el pensamiento y el resultado es que, lejos de transitar ese duelo hacia una resolución, la persona no deja de esperar el regreso del ser perdido. Como la realidad y los demás le recuerdan que esto no es posible, se aleja del mundo y se atrinchera en una realidad propia donde el amado sigue a su lado.

En la depresión, una tristeza desmesurada y una ira permanente son las únicas emociones. El sujeto pierde el deseo, los proyectos, las ganas de vivir y, se aísla en un mundo de dolor. Así, la persona depresiva transita sus días enojada con el amado ausente, con el mundo y con ella misma. Con esa actitud aleja a los demás, renuncia a los sueños y se condena.

Son enfermedades graves que muchas veces requieren medicación. No era el caso de Rocío. A ella le dolía la muerte de su padre; lo extraño hubiera sido que no le doliera. Estaba acongojada, pero también era una reacción esperable. Me dispuse a acompañarla en su duelo, aunque no me parecía que fuera ese el motivo de sus síntomas. ¿Cuál era, entonces? No lo sabía. El vínculo entre nosotros se afianzaba y ella confiaba cada vez más en mí. Cuando estuviera lista para hablar, lo haría. Necesitaba un poco más de tiempo, y yo estaba dispuesto a esperar todo lo que hiciera falta.

—Me llamó tu mamá —le comuniqué unas sesiones después.

Me mira.

—¿Y?

—¿Y qué?

—¿Qué quería?

—Ponerse a mi disposición por si yo tenía ganas de que tuviéramos una entrevista.

—¿Y qué le dijiste?

—Que si ella quería venir no había ningún problema, pero que por ahora no consideraba que hiciera falta.

Menea la cabeza.

—¿Qué pasa?

—Es una maldita —me dice.

—¿Por qué dices eso?

—Porque sí.

—Esa no es una razón.

Está sentada, con los pies apoyados sobre la silla, abrazando sus piernas. No me mira.

—Se mete en todo. No entiende que yo tengo mi vida y que puedo tomar mis propias decisiones. Como con mi cumpleaños de quince.

—¿Qué pasó con tu cumpleaños de quince?

—Nada, justamente. No pasó nada.

—No entiendo.

—No quise hacer fiesta.

—¿Por qué?

—Porque mi papá se había muerto hacía seis meses y no tenía nada que festejar. Era mi cumpleaños y tenía derecho a pasarlo como quería.

—¿Y cómo querías pasarlo?

—Sola. Sin ver a nadie. ¿Te imaginas? Mi papá pudriéndose en un cajón y yo maquillándome y poniéndome un vestido largo para bailar el vals con mi padrino, o con mi abuelo, mientras la gente lloraba y pensaba: «Pobrecita la niña». Un bajón. Pero la tonta no me quiso entender y armó un desorden terrible.

—¿La tonta es tu mamá?

—Obvio, ¿quién va a ser? No sabes. Casi nos matamos.

—¿Fue para tanto?

—Sí. Me dijo que ya había pagado la mitad de la fiesta y que si no la hacíamos íbamos a perder el dinero.

—¿Tú qué le dijiste?

—Que si la hacía, en vez de la mitad iba a perder todo, porque yo no pensaba ir.

—¿Y cómo terminó ese asunto?

—Me siguió jodiendo con el tema hasta que la mandé al carajo. Estuvimos como dos semanas sin hablarnos. Al final me dijo que era una egoísta. Que mi papá hubiera querido que ese día yo estuviera hecha una princesa y fuera feliz. Y que ella deseaba lo mismo.

—¿Cuál fue tu respuesta?

—Le dije que lo que quisiera mi papá ya no tenía ninguna importancia porque estaba muerto y enterrado, y que lo que ella quería a mí me importaba poco.

La miro en silencio.

—Bueno. Ella se lo buscó.

—Yo no dije nada.

—No, pero me miras como si hubiera hecho una estupidez.

—Rocío, ¿no estarás proyectando pensamientos tuyos? ¿No será que a ti te parece que hiciste una estupidez?

Silencio.

—Bueno, igual ya pasó. Además, teniendo en cuenta lo de mi papá, hasta le devolvieron la lana. Así que armó un drama para nada.

—A lo mejor no era el dinero lo que le interesaba.

—Puede ser. Igual no me importa, ya pasó.

No caben dudas de que es una chica con carácter que sabe defender lo que quiere.

—Sí, eso ya pasó. Pero, por lo que veo, el enojo con tu mamá sigue estando.

—Es que me da rabia que me tome por idiota.

—¿Por qué dices eso?

Pausa.

—Porque yo no me chupo el dedo.

—¿Y con eso qué quieres decir?

Inspira.

—Hace como dos meses que empezó a hablarme de un compañero de trabajo. Un tipo que se llama Marcelo.

—Ajá. ¿Y qué te dijo?

—Que es tan bueno, que la ayudó tanto en este tiempo, que la trae hasta casa —dice afectando la voz—. Se cree que soy tarada.

—¿Puedes ser más clara?

Me mira casi con enojo.

—No. ¿Tú también me tomas por idiota?

—De ninguna manera. Pero necesito que me digas con claridad lo que piensas.

—Que se lo está cogiendo. Eso pienso.

Nunca antes había utilizado esa palabra en análisis. Incluso es la primera vez que habla de sexo conmigo. Es un momento muy importante: muestra que se siente cómoda y confía en mí, que la transferencia simbólica se ha instalado.

Los adolescentes no hablan de sexo con cualquier adulto. Incluso entre ellos, muchas veces, es un tema difícil de abordar.

—¿Y eso te molesta? —continúo.

—Me vale. Por mí que se haga romper el culo por un mono.

Me cuesta contener la risa al escuchar la frase. Pero ella sigue hablando normalmente.

—Lo que me encabrona es que se piense que yo no me doy cuenta.

—Tal vez no sea así.

—¿Qué quieres decir?

—Que a lo mejor no se trata de que piense que eres tonta y no te das cuenta, sino de que a ella le cuesta hablar del tema contigo. Tienes que reconocer que entre padres e hijos no es sencillo hablar de sexo.

—Sí, ya lo sé. Pero igual. Es una careta.

—¿Quieres decir que es una máscara que ella se pone?

—No.

Sin querer, con mi torpeza, he interrumpido su enojo y se ríe sin ningún pudor.

—Mi mamá es una «careta». Una falsa.

Es otra de las dificultades que suelen presentarse con los adolescentes: sus giros expresivos. Cada grupo de pertenencia tiene su modo de hablar y hay que aprender qué significa cada palabra.

—Entiendo. Perdóname.

—No, está bien. A veces a mí también me cuesta entenderte.

—Sí, ya sé: «Cada sujeto tiene su modo particular de transitar sus ausencias», ¿no?

—Tal cual.

El clima fue distendido y la sesión había sido muy importante. Apareció su enojo, demostró su confianza en mí, y abordamos un tema tan complejo para ella como la sexualidad de su madre. A partir de allí se abría una puerta para tratar otro tema aún más importante: su propia sexualidad.

La adolescencia media es un periodo que comienza alrededor de los 16 años y dura hasta los 19. En esa etapa se dan cambios fundamentales. No tanto en a nivel corporal (engrosamiento de la voz, surgimiento del vello púbico, desarrollo de los pechos y las caderas en las niñas, etc.), cosa que ya ha sucedido en la etapa anterior, sino en lo psicológico. El deseo de iniciarse o, mejor dicho, ser iniciado sexualmente, surgido durante la adolescencia temprana, adquiere ahora características singulares y se hace más fuerte debido a la posibilidad de encontrar un compañero o compañera que no forme parte del grupo familiar. Al no estar atado a los objetos incestuosos (padre, madre, hermanos) la libido —esa energía que mueve el deseo— queda libre para ir en busca de otros objetos, por fuera del grupo primario. A esto se le llama «salida exogámica».

En este periodo se consolida la identidad sexual. Esta consolidación no es, como podría pensarse, algo sencillo, ni mucho menos natural. Para el Psicoanálisis, masculino y femenino no son sinónimos de hombre y mujer, sino que aluden a posicionamientos activos o pasivos. No necesariamente las mujeres deben adquirir una identidad femenina y los hombres una masculina. Y eso nada dice de su forma de vivir el amor ni de cómo se reconocen como sujetos sexuados. La sexualidad humana es compleja porque no se ajusta a un patrón natural y se enfrenta a los prejuicios. Se trata de una experiencia que no está determinada por la biología, sino de una adquisición moldeada por el lenguaje, el deseo y la historia de cada persona.

Con respecto a este tema, Rocío comenzó a develar una trama angustiosa.

—Entonces, decidimos quedarnos en casa con Rodrigo.

—¿Y tu mamá qué dijo?

—¿Qué iba a decir? También es mi casa.

Podría haberla detenido para hablar acerca de esta afirmación. Cuestionar la supuesta igualdad de derechos entre su madre y ella y analizar las implicancias de dicha creencia. Sin saberlo, al hacer de su madre un par, Rocío se quedaba sin ninguna figura de autoridad que la limitara y le brindara protección. Decidí que no era el momento.

Rodrigo, quien según la mamá constituía su único vínculo actual, no era una cuestión de lo que hablara demasiado, y no quise dejar pasar la oportunidad.

—Cuéntame un poco cómo es Rodrigo.

—¿Qué quieres que te diga?

—Lo que quieras.

—Déjame ver. Es alto, moreno, flaco. —Me mira—. ¿Ubicas ese *look* de los fans de los Rolling, con fleco alto y todo? —dice, señalando un peinado imaginario.

—Sí.

—Bueno, él es así.

—¿Qué edad tiene?

—18 años. Lo conocí en el colegio.

—¿Estudia contigo?

—Estudiaba. Terminó el año pasado.

—¿Y ahora qué hace?

—Tiene una banda.

—¿Qué tipo de banda?

Se ríe.

—Es asaltante de bancos.

—Toda una profesión.

—Obvio no. Era una broma. Tiene un grupo de rock.

—¿Tocan en algún lado?

—Poco. Pero se juntan todos los martes y sábados a ensayar en la casa de Pablo, el baterista.

—¿Lo acompañas a esos ensayos?

—Sí. A veces. Son buena gente. Algo rara, pero buena.

—¿Qué quieres decir con «rara»?

—Diferentes a mí. Pero los quiero igual.

Los adolescentes sienten su integridad amenazada debido a que están en un proceso de permanente cambio y todavía no terminaron de construir su personalidad. Por eso suelen realizar lo que se denomina «elecciones narcisistas». Es decir que se unen en grupos de pares en los que cada uno refuerza en el otro su propia imagen y su necesidad de pertenencia a un grupo que les proporcione seguridad. El diferente es visto como amenazante, agresivo o simplemente raro.

Por eso, era extraño que Rocío hubiera elegido un grupo integrado por gente tan distinta a ella. No era lo esperable, pero al menos tenía un grupo. No estaba sola, como su madre creía. Y esto era

importante.

Hablamos mucho de esta parte de su vida de la cual ni yo ni su mamá sabíamos demasiado. En apariencia se sentía bien y contenida por el grupo de su novio. Pero no dejaba de ser eso: el grupo de su novio. Estaba integrada, pero era una pertenencia a medias. Casi podría decirse una solución sintomática. Ese grupo venía a cubrir el vacío que su verdadero grupo de pertenencia, desde hace un tiempo ausente, debería estar ocupando.

De todas maneras, ciertas experiencias le resultaban movilizantes y la atraían, si bien solía quedarse afuera, como una espectadora pasiva.

—¿Y tú? —le pregunté.

—No. Yo nunca.

—¿Por qué?

—Me da miedo.

Los chicos que pasan por situaciones traumáticas o muy dolorosas desarrollan una sinceridad llamativa. Era el caso de Rocío. No es fácil que un adolescente reconozca sus temores con tanta naturalidad.

—¿«Miedo» a qué?

—Pues… yo siempre escuché decir que la marihuana es una droga, y por más que los chicos me digan que no te hace nada, tantos años de propaganda en contra se ve que lograron asustarme. ¿Tú qué dices? ¿Debería probar?

Es una pregunta que no puedo eludir. No sé si está esperando mi permiso para hacerlo o si solo pide mi opinión. Como analista, no son muchos los temas en los que soy contundente. Este es uno de ellos.

—Rocío, yo no estoy aquí para ser el guardián de tu moral. Para juzgarte o enseñarte lo que está bien y lo que está mal. No puedo ni quiero aceptar ese lugar. Pero déjame decirte que aquí estamos hablando de otra cosa.

—¿Por qué?

En aquel momento, el debate sobre la legalidad del uso de la marihuana para consumo personal no tenía la apertura que tiene por estos días.

—Porque en Argentina la droga es ilegal, ¿lo sabías?

—Sí.

—Bueno. Vivir en una sociedad e integrarse a ella implica respetar las leyes que esa sociedad impone. Y en ese sentido, avalar que consumas drogas sería avalar una conducta ilegal. Y no pienso hacer eso. Reflexiona un instante.

—¿Y si se legalizara?

—Ahí hablaríamos de otra manera.

—¿Pensarías que está bien?

—No. Porque los estudios demuestran que es falso que la marihuana no sea perjudicial para la salud. No podría avalar algo que te hiciera mal o te generara una dependencia. Pero lo hablaríamos como si el tema fuera, por ejemplo, el cigarro, o el alcohol, que también son dañinos y generan adicción, pero no son ilegales. ¿Me entiendes?

—Sí.

Pausa.

—Pero más allá de esto, ¿tú tienes ganas de probar?

—No. Es un mundo diferente del que siempre me rodeó y eso me resulta atractivo. Pero no estoy tentada de probar. Me intriga. Nada más.

Continuamos hablando del tema. No me pareció que Rocío estuviera en riesgo, cosa que agradecí, porque de lo contrario debería haber hablado con su madre. Una decisión que podía afectar nuestra relación transferencial. Mucho más en un momento como este. Percibía que Rocío se acercaba a un tema trascendente para ella y necesitaba tener depositada en mí toda su confianza.

—¿Te acuerdas de que te hablé de Marcelo, el amigo de mi mamá?

—Sí.

—Bueno, parece ser que ahora lo cambió por otro. Uno que se llama Omar.

—¿Ella te lo dijo?

—No. No le doy lugar para esas confidencias.

—¿Y cómo te enteraste?

—Porque la llama todas las noches y se quedan hablando hasta la madrugada. —Menea la cabeza—. ¡Cómo le gustan los hombres!

—¿Eso te molesta?

—No —reacciona—, ya te lo dije, por mí…

—Sí, ya sé. Que se la coja un mono.

—Tal cual.

Silencio.

—Pero igual parece molestarte.

Piensa.

—Creo que tienes razón.

—¿Por qué?

—No sé.

—¿Puede ser que vivas esto como una traición a tu papá?

—Puede ser.

No dice más. Por su reacción no parece ser ese el motivo. Habrá que seguir buscando.

—A lo mejor lo que te incomoda no tiene que ver con la sexualidad de tu mamá sino con la tuya. —Me mira—. ¿Quieres hablar de eso?

—No, gracias. Paso.

Silencio.

—Rocío, ¿eres virgen?

Ahora sí, algo en su voz, en su gesto, demuestra que se ha angustiado. Se toma un tiempo antes de responder.

—No sé.

La respuesta me sorprende. Esperaba un sí o un no, pero no un «no sé». Error. Jamás hay que pensar por el paciente ni dar nada por sentado. Cada analizante es una historia inimaginable.

—¿Hay algo que quieras contarme?

Niega. Se hace un silencio profundo. Por momentos parece que va a hablar, pero se frena. Está dudando. Su decisión depende de dos cosas: la confianza que tenga en mí, y su posibilidad de hacerse cargo de lo que haya pasado.

No digo nada. El silencio se vuelve incómodo, pero lo sostengo. Casi veinte minutos después vuelvo a hablar, antes de dar por terminada la sesión.

—Quiero que recuerdes que te prometí no traicionarte.

Asiente.

—Nos vemos la próxima.

Se pone de pie, me da un beso y se retira. Sin decir nada.

Había pasado más de un año desde nuestro primer encuentro. Ese fue el tiempo que le llevó a Rocío poder contarme lo que le había pasado.

—Creo que tenías razón con lo que me dijiste la semana pasada. Me parece que el enojo con mi mamá no tiene que ver con lo que ella hace con su sexualidad, sino con algo que hice con la mía.

—¿Quieres hablar de eso?

—Fue en el viaje de fin de cursos de sexto de primaria. Nos fuimos a Córdoba y nos hospedamos en unas cabañas. Yo compartí la habitación con mis dos mejores amigas, Evelyn y Tatiana. Todas las noches, después de cenar, se armaba un baile en uno de los salones del hotel donde nos juntábamos todos los colegios que estábamos alojados ahí. Y así nos hicimos amigos de chicos de diferentes lugares. La noche anterior a nuestro regreso se hizo un baile de disfraces como despedida. En un momento le pedí a Camila, una chica de Río Negro de la que me había hecho muy amiga en esos días, que me acompañara a mi cuarto a cambiarme. Quería quitarme el disfraz y vestirme con mi ropa de siempre. —Se detiene un instante y continúa—. Cuando llegamos a la habitación hablamos mientras me cambiaba. Me dijo que estaba feliz y triste al mismo tiempo. Feliz de haberme conocido y triste porque sabía que no nos íbamos a volver a ver. Le dije que yo también iba a extrañarla mucho, pero que podíamos quedar contactadas y vernos en las vacaciones. Ella estaba llorando. Me acerqué y la abracé fuerte. Ella también me abrazó... y me besó. —Pausa—. No me lo esperaba y no supe cómo reaccionar. Pensé que eso estaba mal, pero...

—Pero ¿qué?

—Me gustó.

Tiene la cabeza agachada y no me mira. Deja caer algunas lágrimas.

—Estaba como mareada, confundida y excitada a la vez. Así como dice Rodrigo que uno se siente cuando se fuma un porro. Yo tenía una playera corta y... Cami empezó a acariciarme por abajo. Y yo... no me negué. Pensé que estaba mal, que tenía que decir basta, pero no podía. En un momento sentí sus dedos —me mira— adentro... ¿Me entiendes? Quise decirle que parara, pero no pude. Cerré los ojos y la dejé. En medio de la confusión escuchaba una respiración agitada. La de ella, o la mía, no sé. «Eres hermosa», me dijo y me besó otra vez. Con un beso largo. Era la primera vez que alguien me besaba. Y en ese momento se abrió la puerta. Eve y Tatiana venían a cambiarse, y nos vieron.

Silencio.

—¿Qué pasó después?

—Fue la noche más larga y más difícil de mi vida. Incluso más que la del velorio de mi papá. Las chicas me preguntaron todo y me hicieron jurarles que no iba a volver a ver a Cami. —Hace una breve pausa—. Y fue así. A la mañana no fui a desayunar. Me subí directo al autobús y no me moví de mi asiento hasta que llegamos a Buenos Aires.

Se seca las lágrimas con la manga de la camisa.

—Pero, es idea mía o ¿hay algo más?

—Sí. Al regreso, todo fue muy difícil con las chicas. Y unas semanas después, a la salida de la escuela vinieron a hablar conmigo.

—¿Qué te dijeron?

—Que lo que yo había hecho era muy grave... que era una lesbi y que ellas no querían juntarse más conmigo. Me amenazaron. Me dijeron que si yo no me alejaba le iban a contar a mis papás y a todo el colegio lo que había hecho.

Le doy un momento para que se recupere.

—Ellas eran tus amigas. Eso sí que fue una traición. ¿No?

—Sí.

—Debe de haber sido muy duro que te dejaran tan sola.

Asiente.

—Después de la muerte de mi papá se acercaron y me dijeron que estaban dispuestas a perdonarme.

—¿Y tú qué dijiste?

—Nada. Es difícil decir lo que piensas cuando estás tan sola y no puedes confiar en nadie.

Ciertas experiencias agudizan el pensamiento y hacen madurar antes de tiempo.

—Pero ahora tienes este espacio. ¿Confías en mí?

—Sí.

—Entonces, si quieres, puedes decirme lo que pensaste.

—Pensé que podían meterse el perdón en el culo.

—Te entiendo. Y a partir de ahí, ¿cómo siguió todo?

—Nos relacionamos como compañeras de colegio. Ya no son mis amigas. No puedo volver a confiar en ellas. Y todo el tiempo tengo miedo de que me delaten.

—Rocío, se delatan los delitos. Y tú no cometiste ninguno.

—Sí, pero ¿te imaginas si mi mamá y los demás se enteraran?

—Eso no es lo más importante. Es tu historia y tu sexualidad. Y solo tú tienes derecho a elegir cómo vivirla. Pero es fundamental que hables de esto, porque mientras no lo resuelvas, esa angustia va a afectar tus decisiones. —Pausa—. Como lo viene haciendo.

—No te entiendo.

—O sea… me pregunto si esto de lo que hablamos hoy no tuvo que ver con que no quisieras festejar tu cumpleaños. Sin padre, sin amigas, enojada con tu mamá. A lo mejor no solo no tenías qué festejar, sino tampoco con quién hacerlo.

Silencio.

—No lo había pensado, pero… Me parece que sí.

Silencio.

—Gabriel, la sesión pasada tú terminaste con una pregunta que yo no pude contestar. Estuve pensando toda la semana en eso, y sigo sin encontrar la respuesta. Ayúdame. Después de lo que te conté… ¿Tú qué crees? ¿Soy virgen?

La miro. Ha confiado mucho en mí y merece que la ayude a reflexionar sobre una cuestión tan importante para ella. Pero hoy no. Ha sido demasiado para una sesión. Y su análisis continúa.

Durante mucho tiempo trabajamos sobre los temas que aparecieron en aquel encuentro. Y Rocío fue llegando a algunas conclusiones.

La primera giró en torno a la virginidad. A pensar la sexualidad como una experiencia personal física y psíquica mucho más amplia que la genitalidad.

La segunda nos remitió a una frase que había dicho enojada refiriéndose a su madre: «¡Cómo le gustan los hombres!».

Más que enojo, concluyó, lo suyo era envidia, y temor de que a ella no le ocurriera lo mismo. Temía que, por haber tenido aquella experiencia con Camila, tal vez fuera lesbiana. ¿Por qué esta posibilidad le generaba miedo?

Existe un concepto en Psicoanálisis: «series complementarias», que sustenta la idea de una triple exigencia que todo ser humano debe enfrentar. La primera es biológica. Todos habitamos en un cuerpo. «El Yo es antes que nada un Yo corporal». El cuerpo nos limita y nos abre posibilidades. Genera sensaciones de placer y dolor que imponen a nuestra psiquis una tarea que resolver. La segunda exigencia es histórica. Nuestra familia, nuestra infancia, los momentos de felicidad y los traumas que vivimos, los mitos familiares acerca de qué pasó con nuestros antepasados, determinan de algún modo quienes somos. Dijo Sartre que una persona es lo que haga con lo que hicieron de ella. Podríamos decir, que un sujeto de deseo será lo que construya con lo que su historia hizo de él. La tercera exigencia es la potencia del momento histórico y la cultura que nos toca habitar. Tanto la sociedad como la familia depositan un ideal sobre cada sujeto. En ocasiones, incumplir ese ideal genera la sensación de estar fallando y un sentimiento de culpa que dificulta el reconocimiento de los deseos propios, porque suele ocurrir que esos deseos van en contra de lo que los demás esperan de nosotros.

Inconscientemente, Rocío portaba un ideal heterosexual, y la posibilidad de no cumplir con ese mandato la angustiaba.

Analizamos el tema y comprendió que no hubo nada de malo en su experiencia con Camila. Por el contrario, había sido una forma hermosa de iniciar el camino de su sexualidad. Ahora debía recorrerlo con calma para descubrir su deseo.

Terminó su relación con Rodrigo. Él había sido una gran persona y se había comportado muy bien con ella. Fue de gran ayuda en un momento difícil de su vida e, incluso, le había devuelto la posibilidad de confiar en alguien. Pero Rocío no lo amaba. Su relación con él no se basó en el amor sino en el hecho de que era un hombre, y eso la resguardaba del temor a ser homosexual. Además, Rodrigo pertenecía a un grupo opuesto al de aquellas compañeras de colegio que la habían traicionado, algo que la relajaba.

Un año después de esta ruptura se puso de novia con Valentín, con quien sigue saliendo hasta ahora.

En la actualidad, Rocío tiene 21 años.

Aceptó inmediatamente cuando le pedí autorización para escribir acerca de esta parte de su historia. Leyó el original que le entregué para que lo aprobara y me lo devolvió con un comentario que me conmovió.

«La pasé muy mal en aquella época. Fue una suerte que estuvieras conmigo».

No dije nada. Mi silencio era un silencio agradecido.

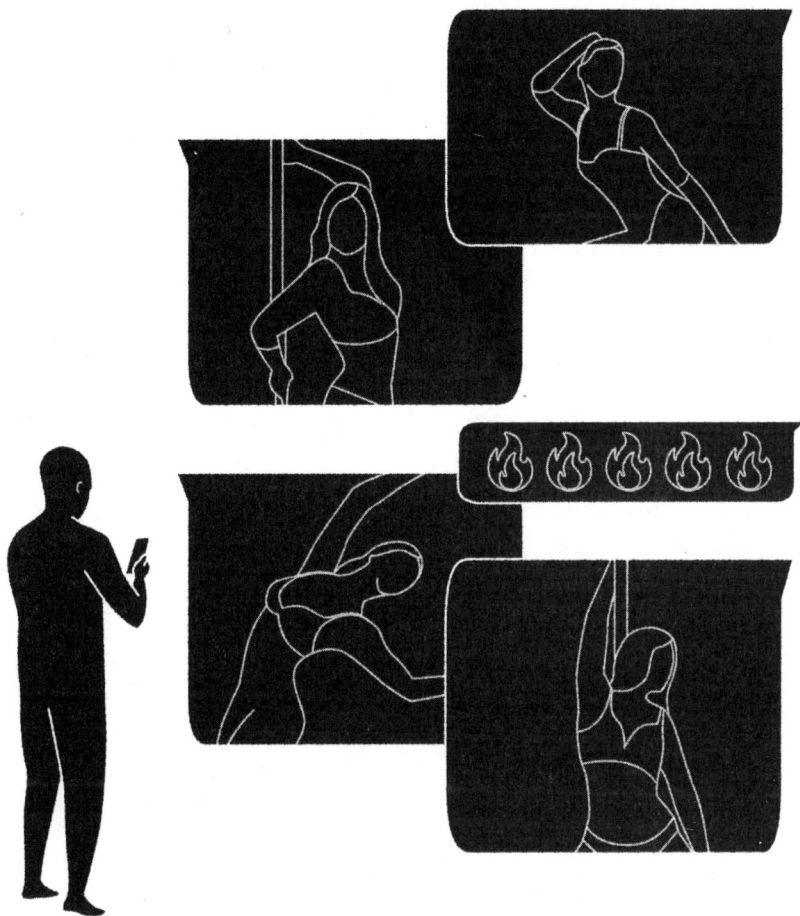

CASO CINCO: VÍCTOR

PATERNIDAD, CULPA, VÍNCULO

5

—No puede ser —decía, mientras se restregaba la mano por la frente de modo compulsivo—. Esto no puede estar pasándome. No quiero esto para mí.

—Víctor, no siempre las cosas son como uno querría que fueran.

—Sí. Pero ¿por qué esto?

Víctor llora desconsolado en el diván. Lo hacía por primera vez en todo el tiempo que llevábamos trabajando juntos.

—¿Sabe qué es lo que siento? Que la culpa es suya, suya y de este puto análisis que empecé.

—¿Usted cree que soy el responsable de sus deseos?

—No. Pero yo manejaba mis impulsos de otra manera.

—Es cierto. Por eso vino. Porque quería cambiar su manera de relacionarse con sus impulsos. ¿O no?

—Sí, pero jamás imaginé que iba a terminar así.

Llora. Está asustado y enojado al mismo tiempo. Hago silencio. Dice que jamás imaginó que iba a terminar así. Lo que no sabe es que no está terminando. Este es apenas el comienzo de un largo camino.

Víctor tenía 48 años cuando tuvimos nuestra primera entrevista. Vestía con elegancia y comprendí de inmediato que estaba frente a un hombre con un discurso claro e inteligente. Ejercía con éxito su profesión de arquitecto y estaba casado desde hacía 16 años con Virginia. Ella era la dueña de un colegio privado y tenían tres hijos: Lucía, de 12 años, Sol de diez y Santiago de siete. Dijo tener una familia armoniosa y se definió como un hombre feliz.

—¿Qué lo trae por aquí, entonces? —le pregunté.

—La sensación de que estoy poniendo toda mi vida en juego por cosas sin importancia que no puedo manejar.

—Si no las puede manejar a lo mejor es porque para usted alguna importancia tienen. ¿No le parece?

—Puede ser, pero de todas maneras son cosas que quisiera erradicar de mi vida.

—¿Por qué?

—Porque solo pueden traerme problemas.

—Cuénteme de qué se trata.

—Para que se dé una idea, me siento como un hombre que vendió todas sus pertenencias y las cambió por una perla. Una perla de un valor incalculable. Y ahora se sienta al borde de un precipicio y juega con ella. La arroja y la vuelve a agarrar sin darse cuenta de que si se le cayera de las manos se quedaría sin nada y perdería el sacrificio de toda su vida. Supongo que comparte conmigo la idea de que ese hombre es un estúpido.

—No lo sé. Habría que preguntarle cuál es el motivo que lo impulsa a arrojar la perla. Tal vez ese hombre tiene una razón para hacer lo que hace.

—Sí, que es un enfermo.

Silencio.

—¿La perla es su familia?

—Sí.

—¿Puedo saber cuál es el equivalente al juego del hombre en el abismo? ¿Qué está haciendo, Víctor?

—Salgo con mujeres. Todo el tiempo. De un modo compulsivo. No puedo desear a una sola. No me alcanza. Necesito ir por una y otra más.

—Y esto, ¿desde cuándo?

Piensa.

—En realidad es algo que hice toda mi vida. Siempre tuve aceptación entre las mujeres. Desde muy chico sentía sus miradas sobre mí. Me daba cuenta de que yo les gustaba y me aprovechaba de eso. —Hace una breve pausa y retoma su discurso—. Debuté a los 12 años con una prima con la que tuve relaciones sexuales durante mucho tiempo. Cada tanto nos vemos en una reunión familiar, y tenemos algún juego erótico. Nos escondemos para besarnos y tocarnos. Pero, bueno, en la vida de todo hombre hubo una prima, ¿no?

—…

—Después seguí con las chicas del barrio y del colegio. Como decía mi madre: «Este chico no deja títere con cabeza». Y de verdad fue así. Hasta que conocí a Virginia.

—¿Cuando empezó la relación con ella cambió su actitud con las mujeres?

—Le diría que sí.

—Me lo diría, pero ¿me lo dice o no?

Me mira.

—Bueno, casi.

—¿Eso quiere decir que fue «un poco infiel»? —le pregunto con ironía.

—Si es que eso se puede. Porque la fidelidad es como el embarazo. No se puede estar un poco embarazada, ¿no?

—¿Usted qué cree?

Se ríe.

—¿Qué pasa?

—Mientras venía para acá pensaba cuánto demoraría en aparecer esa pregunta: «¿Usted qué cree?». Es como el padrenuestro de los analistas, ¿no?

—No lo sé. ¿Usted qué cree?

Nos reímos.

Desde el comienzo me di cuenta de que podríamos trabajar muy bien juntos. Al finalizar la quinta entrevista le propuse iniciar el análisis. Estuvo de acuerdo y convinimos en utilizar el diván.

Víctor había realizado otras terapias, pero jamás había hecho Psicoanálisis. A pesar de eso, se acostó en el diván y empezó a trabajar de un modo fluido desde la primera sesión.

Unas semanas después abordamos el tema de la culpa.

—Entonces, ¿usted se siente infiel?

—Supongo —duda—. Después de todo me acuesto con otras mujeres.

—Víctor, la infidelidad no tiene que ver con acostarse con otras personas sino con la ruptura de un acuerdo. Si con Virginia hubieran elegido tener una relación abierta, por más que estuviera con muchas mujeres usted no estaría siendo infiel.

—Pero esa no fue nuestra elección. Yo estoy rompiendo el acuerdo que hicimos.

—¿Y eso cómo lo hace sentir?

—Culpable. Y ese sí que es todo un tema para mí.

—¿Por qué? ¿Qué le pasa con la culpa?

Pausa.

—Me siento culpable por todo. No lo puedo creer. A veces me encuentro pensando en cosas absurdas.

—¿Cómo cuáles?

—Me pasa a cada momento. Veo un accidente en la calle y me pregunto si yo no tengo alguna responsabilidad con ese hecho. Gabriel, no piense que estoy loco. Sé que no tuve nada que ver con esas cosas, pero no puedo dejar de sentirme culpable.

Cuando empecé la carrera de Psicología un docente expuso un caso. Se trataba de un paciente que experimentaba una profunda sensación de culpa por todo lo que ocurría. Leía en el diario acerca de un asesinato y sentía el impulso de presentarse ante la justicia para inculparse. Por supuesto que sabía que era algo descabellado, pero no podía evitarlo. La razón le marcaba un camino y la emoción otro.

Pensé que podía tratarse de un invento del profesor, de un relato exagerado para ejemplificar la teoría. Es conocido el caso de «El hombre de los lobos», un expaciente de Freud que, durante el transcurso de un análisis posterior con otro profesional, creyó enterarse de la muerte del creador del Psicoanálisis, lo que no era cierto, y se sentía culpable de ella. La práctica clínica me daría muchas pruebas de la existencia real de este mecanismo.

—Esto que me pasa es un disparate —continuó.

—A lo mejor no.

Duda.

—¿Qué me quiere decir? ¿Que de verdad soy el causante de los accidentes de tránsito? No me venga con eso. No se olvide que aquí el loco soy yo.

—No, yo no dije eso.

—¿Entonces?

—Lo que quiero decir es que estos pensamientos que usted tiene están... Digámoslo así... compuestos de dos elementos. Uno es el contenido, el otro, el afecto. El contenido, en este caso, sería ese conjunto de ideas que usted define como absurdas, y que algo de eso tienen, porque usted no tuvo nada que ver con esos accidentes. Pero la otra parte, el afecto, el sentimiento de culpa, a lo mejor no es un desatino.

Hago una pausa para asegurarme de que me está comprendiendo. Es una intervención teórica y le doy tiempo a procesarla.

Suelo hacer este tipo de intervenciones. Dan al paciente la posibilidad de entender mejor qué les pasa y al mismo tiempo le brindan una herramienta más para analizar el porqué de su padecimiento.

El análisis no es reflexión. Pero en ocasiones, poder pensar sobre sus síntomas ayuda a que el analizante no se sienta tan tomado por ellos. Y ese distanciamiento lo posiciona en un lugar diferente.

Continúo.

—Lo que quiero decir es que ese sentimiento de culpa proviene de algún lado, que existe un motivo para que usted experimente ese afecto culposo. Es evidente que no se trata de que vaya rompiendo autos ni atropellando gente por la avenida, porque eso no es algo que usted haga. Entonces, por un momento dejemos de lado la idea y centrémonos en el afecto. Y la pregunta es: ¿por qué o de qué se siente culpable?

Silencio.

—Lo primero que se me viene a la mente es algo que tiene que ver con lo que venimos trabajando.

—Dígalo.

—Pensé que, a lo mejor, el motivo de ese sentimiento de culpa está en lo que le hago a mi familia.

«Lo que le hago a mi familia». Tomo sus dichos. Víctor es un hombre que posee un discurso preciso. De modo que esa manera de expresarse tan confusa, tan poco clara, me lleva a cuestionar el sentido de esa frase.

No dijo: «Por mis infidelidades, por estar traicionando a mi mujer». No. Dijo que algo le está haciendo a su familia. ¿Qué cosa siente que le está haciendo a su familia? Una pregunta que por ahora quedaría sin respuesta.

Según sus propias palabras, con el correr de los meses Víctor empeoraba a pasos agigantados. Mientras que antes su compulsión sexual se satisfacía con una clienta, una colega o alguna mujer que conocía ocasionalmente, un día, casi sin pensarlo, empezó a navegar por las páginas pornográficas de internet. Y lo que empezó como un divertimento terminó convirtiéndose en una nueva obsesión. No podía estar delante de una computadora sin visitar esas páginas. Solía entrar en un cibercafé, aunque fuera por unos minutos, con el único fin de mirar pornografía.

Poco después comenzó a verse con prostitutas.

—Yo nunca había hecho algo como esto —me contó avergonzado—. Jamás me hizo falta pagar por coger. Y la verdad es que ahora tampoco. Le juro que mujeres es lo que me sobra.

—Puede ser, pero supongo que habrá un motivo por el cual lo hizo.

—...

—Cuénteme.

Silencio. Está inquieto. Se mueve en el diván. —Mi mujer fue a pasar el fin de semana a casa de sus padres en Mar del Plata y se llevó a los chicos. Yo estaba solo en casa. Serían las doce de la noche cuando empecé a sentir la necesidad de coger.

Este es un elemento común en quienes sufren de compulsiones sexuales. Son ganas de coger. Un impulso que no requiere de alguien en particular. No quieren estar con Natalia, Pedro o Florencia. No. Tienen ganas de coger. Así de simple. El deseo empieza a desdibujarse y aparece algo imperioso: la compulsión. Una fuerza que se impone y, a su vez, le impone al sujeto un arduo trabajo psíquico para acallarla.

—Miré la agenda —continúa— y no quise llamar a ninguna. Preferí salir a dar unas vueltas con el auto. Sin rumbo fijo.

—Y esa falta de rumbo, ¿hacia dónde lo llevó?

—A un bar *lounge* que hay por la zona de Puerto Madero. Entré y pedí algo para tomar. Miré alrededor. Había muchas mujeres hermosas, y me dije: «O estoy muy guapo o son putas», porque no dejaban de mirarme. —Sonríe.

—¿Usted estaba muy guapo?

—Sí. Pero además era un bar de prostitutas.

Remarca la palabra. Como si necesitara degradar a aquellas mujeres que él mismo había ido a buscar.

—¿Usted no lo sabía? ¿Cree que eligió ese lugar por casualidad?

Silencio.

—Le respondería que sí. Pero no puedo ser tan estúpido. Supongo que algo habría escuchado acerca de ese bar e inconscientemente fui hacia ahí. Porque no dudé. Salí de casa, manejé hasta allá, estacioné y entré.

—Entonces no es cierto que salió sin rumbo fijo.

—Silencio—. Continúe.

—Miré a las chicas y recuerdo haber sentido una mezcla de excitación y coraje.

—¿Por qué coraje?

—Porque esas chicas podrían haber sido mis hijas, y estaban ofreciéndose a cambio de dinero… de mucho dinero. El lugar está cerca de un hotel en el que se hospedan empresarios extranjeros. Estar un rato con ellas tiene un precio muy alto. Trescientos o cuatrocientos dólares, según.

—¿Según qué?

—Si el cliente les gusta o no, supongo.

—¿Y qué pasó?

—Me interesó una de las chicas. —Se ríe.

—¿Qué pasa?

—Magie. Es claro que la muchacha se debe llamar Laura o Verónica. Pero bueno, es parte del código.

—¿Y qué pasó con Magie?

—Le hice señas, se sentó a mi mesa. Yo debo tener cara de extranjero, porque me saludó en inglés. También habla italiano y francés. Algunas chicas, además, hablan alemán. Aunque no lo crea, son mujeres jóvenes, cultas y muy hermosas.

—¿Por qué no iba a creerle?

Se encoje de hombros.

—Víctor, hágase cargo de sus prejuicios. No los proyecte en mí.

Hace una pausa y continúa el relato.

—Para no hacer el cuento largo, terminamos en un hotel y me quedé toda la noche.

—¿Cómo se sintió?

—Muy bien. —Sonríe.

—¿Algo le causa gracia?

—Sí. Me cobró solo trescientos dólares.

—¿Eso quiere decir que usted le gustó?

—Se ve que sí. Ya sabe. Es mi karma. Siempre les gusté a las mujeres.

Víctor comenzó a visitar el lugar con asiduidad. Magie era su preferida, aunque si ella estaba ocupada o se había ido con alguien, elegía alguna otra chica. Y de a poco, la compulsión se fue haciendo más fuerte hasta desembocar en una verdadera adicción al sexo. Era incapaz de controlar sus impulsos, no le interesaba ninguna otra cosa y, cuando con mucho esfuerzo lograba resistir su compulsión, experimentaba trastornos típicos del síndrome de abstinencia. Se sentía invadido por todo tipo de fantasías sexuales. Y cuanto más pensaba, más necesitaba volver al bar en busca de una satisfacción que duraba muy poco. Como en toda adicción, los encuentros sexuales aliviaban la tensión de Víctor por un rato, pero no resolvían el síntoma.

Yo intentaba rastrear el porqué de esta conducta, pero por lo general quienes sufren este tipo de problemas tienen dificultades para precisar el origen de su necesidad.

—Me pasa algo muy raro —dijo durante una sesión.

—¿Qué?

—Siento como si yo no fuera yo.

—Acláreme, por favor. ¿Tiene una sensación de despersonalización?

—No sé si técnicamente se llama así. El punto es que cuando voy al *lounge* —desde hacía un tiempo era el término que utilizaba para referirse al lugar— tengo la impresión de que no soy yo.

Otra característica de los adictos al sexo. Se escinden y viven su adicción como si no les perteneciera, como si sus actos los realizara algún otro. Muchas veces la escisión es tal que olvidan las cosas que hacen en esos momentos. Aparecen, en tales casos, lo que se denomina «lagunas en la memoria».

El adicto al sexo no es un infiel ordinario. En él, «la doble vida» es un fenómeno real que se apoya en esa especie de división que experimenta el sujeto. Y Víctor comenzó a actuar como si de verdad tuviera dos vidas. En una estaban Virginia y sus hijos, lo que él llamaba su vida luminosa. A ella pertenecían también sus hermanos, su trabajo, sus fines de semana en familia y sus amigos. En la otra, el escenario oscuro y clandestino donde daba rienda suelta a sus vivencias secretas. Aumentó el consumo de material pornográfico, ya fueran películas o páginas de internet, y apareció una conducta que —según dijo— jamás había tenido antes: la masturbación compulsiva.

En este momento del análisis decidimos aumentar la frecuencia de nuestros encuentros y acordamos vernos tres veces por semana. La razón que me llevó a tomar esta decisión tuvo que ver con la gravedad de la situación que estaba atravesando y sus posibles consecuencias: la adicción al sexo pone en riesgo la estructura psíquica de una persona y hasta puede llevarla a la ruina económica. Inmersos en esos estados compulsivos son capaces de ponerse en riesgo, incurrir en un abuso e incluso intentar suicidarse para poner fin a lo que ha dejado de ser un juego sexual divertido para convertirse en una tortura.

En una de sus visitas al *lounge*, Magie le insinuó que una de las chicas, Mariela, le había preguntado si Víctor no quería participar en una experiencia de tres. Él, que no había fantaseado con esta posibilidad, se vio seducido por la propuesta. Después de conversar un rato se fueron los tres juntos.

—¿Cómo resultó?

—Al principio fue agradable. Mariela es muy bonita, tanto o más que Magie. Incluso más joven. Casi una adolescente. No quise ni preguntar su edad por temor a la respuesta. —Pausa—. Me recosté en la cama y ambas se dedicaron a brindarme placer.

No ahondó en detalles. Tampoco me pareció importante la descripción puntual de lo que habían hecho.

—Nunca había pasado por una experiencia como esa; estaba descubriendo un mundo nuevo. Es raro estar con dos mujeres. ¿Alguna vez lo hizo?

—...

—Es muy extraño, se lo juro. Son dos aromas diferentes, dos alientos distintos, dos estilos de coger, dos voces. Un poco loco.

Se detiene.

—Usted me dijo que «al principio» fue agradable. ¿Ocurrió algo después?

Silencio.

—Sí. En un momento me levanté para servirme una copa de champagne. Habré demorado unos segundos. Al volver las encontré juntas.

—¿Qué quiere decir cuando dice «juntas»?

—Que estaban cogiendo.

—Ajá.

—Magie tenía la cabeza entre las piernas de Mariela, y ella me miró de un modo lascivo. «¿Te gusta, hermoso?» —me preguntó—. Me quedé petrificado, observando la escena y sin poder responder... Y no sé por qué, empecé a sentir una sensación extraña.

—¿«Extraña»? ¿Puede describirla?

—Algo aquí, en el pecho. Como una opresión. Algo que me subía hasta la garganta y me dificultaba respirar.

Eso se llama angustia. Víctor se había angustiado, pero ¿por qué?

—¿Cómo siguió todo?

—Me repuse y lo piloteé lo mejor que pude. Pero no volví a excitarme.

Deja de hablar.

—¿Qué pensó al verlas juntas?

—Que yo no tenía nada que ver con eso.

Silencio.

—Nada más —continúa—. Pero a lo mejor no fue tan malo.

—¿Por qué lo dice?

—Porque desde que pasó eso no volví al putero. El «putero». Siempre se cuidó de llamarlo así. Pero esa vivencia cambió algo. Las mujeres deseables se transformaron en angustiantes, y el *lounge*, en putero. ¿Por qué?

Esa es la pregunta que, como analista, resuena en mi mente mientras escucho a un paciente. Ante cada frase, ante cada confesión. Pensar que todo tiene un origen es esencial para conducir un análisis. A veces encuentro la respuesta para esa pregunta. Otras no.

Los síntomas psíquicos de un paciente tienen que ver con él. Sin embargo, no son un capricho ni dependen de su voluntad. Cumplen una función. Posibilitan un equilibrio doloroso que alguien encuentra al no poder resolver, de un modo sano, la lucha entre el Inconsciente reprimido y la conciencia. Por dolorosos que sean, los síntomas sirven para ocultar algo que para el sujeto resultaría inaceptable. Ocultan, pero a la vez muestran.

El Inconsciente no es un lugar determinado dentro de la psiquis. Es algo que se produce en acto. Aparece y desaparece. Se muestra bajo alguno de sus disfraces: sueños, lapsus, chistes, actos fallidos o síntomas. Es deber del analista atrapar ese instante en que se muestra. Es la verdadera experiencia analítica. Y cada vez que sucede sorprende. No importa que se trate de un sueño recurrente o de un síntoma que se repite, siempre es vivido como una experiencia inaugural. Una experiencia que tiene dos caras, una externa y otra interna, una interpretable y la otra muda.

Para trabajar un síntoma en análisis hay algunas cosas que tengo en cuenta. El relato que el paciente hace de su síntoma. Por ejemplo, el modo en que Víctor contó el suceso con aquellas dos mujeres. Mis preguntas, «¿qué pensó al verlas juntas?» o

«¿qué ocurrió después?», fueron un modo de alentarlo a narrar esa vivencia. También considero como una instancia especial el momento en que ese relato trastabilla, porque duda, balbucea, o porque se calla, o se angustia, como cuando contó que volvió a la habitación y las encontró juntas. Otro elemento importante es la teoría que el paciente elabora acerca del porqué de su síntoma. Por último, qué lugar ocupo como analista en ese síntoma. Como él diría en una sesión: «La culpa es suya y de este puto análisis».

Cada una de estas características resulta fundamental a la hora de descifrar el enigma sintomático.

Pero eso tiene un límite. Solo alcanza a la cara externa del síntoma, la única que tiene un significado interpretable. La otra, la interna, está destinada al silencio, aunque tiene un motivo: en todo síntoma se satisface la pulsión de muerte. Es decir que el paciente encuentra en ellos un placer masoquista al que le cuesta renunciar. Una satisfacción psíquica cuyo precio es el padecimiento.

En definitiva, el síntoma es un pacto, un acuerdo inconsciente entre algo reprimido y la vida consciente.

La compulsión a la infidelidad, la obsesión por internet y la posterior entrada en el ambiente del *lounge* eran soluciones sintomáticas ante un conflicto que Víctor no podía resolver.

A partir de la vivencia compartida con Magie y Mariela, algunos de esos síntomas habían desaparecido. Ya no iba al bar, dejó de visitar sitios pornográficos y cedió la masturbación compulsiva. Sin embargo, nada de esto había sido el fruto de la resolución del conflicto; por ende, supuse que en cualquier momento algo aparecería para ocupar ese lugar. Y así fue. Durante un tiempo, Víctor se vio avasallado por la angustia. Hasta que una nueva formación sintomática vino a rescatarlo.

—¿Le pasa algo, hoy? Lo noto muy callado.

—Tengo algo que contarle. Pero me da vergüenza.

—No tiene por qué. Sabe que no voy a juzgarlo.

—Puede ser, pero me parece que ni yo mismo quiero escucharme.

Silencio.

—Sin embargo, usted está menos angustiado que en las últimas sesiones.

—Ahora que lo dice, sí.

—A lo mejor la vergüenza ha ocupado el lugar de la angustia.

Piensa.

—Puede ser.

Pausa.

—¿Y qué es eso que le resulta tan vergonzoso que ni siquiera puede decirlo?

—Tuve una recaída. El sábado volví a consumir prostitución.

—Bueno, pero ya hemos hablado mucho acerca de eso. ¿Por qué de repente le da vergüenza? —Breve silencio—. ¿Volvió a ir al *lounge*?

—No, llamé por teléfono a alguien.

—Cuénteme.

Se toma unos segundos antes de hablar.

—Desde la mañana venía con una sensación rara. Una sensación que no podía identificar. Sentía como una ansiedad que crecía dentro de mí y que era cada vez más fuerte. A eso de las siete de la tarde le dije a Virginia que tenía un trabajo que terminar y me fui. Cuando llegué a mi estudio reapareció la compulsión. Empecé a masturbarme mirando páginas pornográficas por internet. Me excité mucho, como hacía tiempo no me pasaba. Y di con un sitio con el que me quedé flasheado. Había una imagen que me cautivó. Era la foto de una mujer espléndida, bellísima. Anoté su número y la llamé. Su nombre de batalla era Lisa. Charlamos un poco, le pregunté cuánto cobraba y arreglamos para que viniera a la oficina. Yo estaba muy ansioso esperando su llegada. Media hora después me tocó el timbre. Era impresionante. Alta, linda, de ojos oscuros.

Su voz deja entrever la excitación que esa mujer le había generado.

—Empezamos a jugar y en un momento comenzó a hacerme sexo oral. No sabe. Jamás había sentido un placer igual, no podía creer lo que estaba sintiendo. Entonces la empecé a acariciar.

Silencio.

—¿Por qué se interrumpe?

—Porque ahí me di cuenta de que no era una mujer.

Breve silencio.

—¿Y cómo reaccionó al darse cuenta de esto?

—Me sorprendí, pero si debo ser sincero, no tanto. Como si de algún modo ya lo hubiera sabido.

—A lo mejor es así.

Piensa.

—Creo que sí. De hecho, en la página lo decía, pero yo no lo había percibido. Pasé esa información por alto sin notarlo.

No percibir es un trabajo. La mente separa lo que se ha de reprimir y se «deja de percibir» aquello que podría ocasionar algún conflicto psíquico. Estoy seguro de que es lo que ocurrió en este caso. La falta de sorpresa de Víctor demostraba a las claras que ya sabía, con ese saber no sabido del Inconsciente, que Lisa era una chica travesti.

—¿Qué pasó después?

—Le dije que me había equivocado. Que era tan linda que pensé que se trataba de una mujer. Ella me dijo que estaba todo bien y que si yo quería podía irse.

—¿Usted qué le dijo?

—Que no. Que se quedara. No iba a tener relaciones con ella. Pero me calentaba mucho, y le pregunté si podía mirarla.

—Quería verla desnuda.

Asiente.

—¿Y ella qué hizo?

—Se fue desvistiendo, de a poco, de un modo muy sensual. Tardó una enormidad y yo...

—...

—Me iba excitando cada vez más. Hasta que finalmente quedó desnuda por completo. Supongo que alguna vez vio a una travesti, al menos en una foto o en alguna película.

—...

—Fue una sensación extraña. Pero me resultó fascinante. Era diferente a todo lo que había visto. Con la belleza de la mujer y la completud de un hombre. Yo no quise volver a tocarla, pero le pedí que se masturbara. Ella lo hizo. Y yo también.

—¿Cómo se sintió?

—Creo que es lo que más me avergüenza. Jamás me sentí tan excitado en mi vida.

No dijo más en toda la sesión.

Víctor siguió viendo a Lisa. Sus encuentros eran casi siempre iguales. Se encontraban en su estudio, conversaban, tomaban algo y después se besaban, se acariciaban y para finalizar él encontraba el orgasmo mirándola.

En cierta ocasión Víctor le preguntó si usaba peluca. Lisa no respondió. Él le contó que tenía la fantasía de verla con su cabello natural.

—¿Y Lisa qué dijo?

Menea la cabeza.

—Que a lo mejor había llegado la hora de que probara con un hombre.

Esto lo había conmocionado. Hasta ahora, había tomado todo como si fuera un simple juego erótico. Ahora, Lisa le cuestionaba si su interés por ella no escondía un deseo homosexual. Víctor estaba convencido de que no era así.

Estuvo dos semanas sin comunicarse con ella, hasta que volvió a llamarla. Hablaron por teléfono acerca del tema. Se había generado una buena relación entre ambos y Víctor confiaba en Lisa y le contaba cosas que jamás había hablado con otra persona.

Ella le propuso invitar a un amigo a su departamento. Víctor no estaría obligado a nada. Podía hacer lo que quisiera, incluso irse si no se sentía cómodo. Él aceptó, y un viernes por la tarde tuvo lugar el encuentro. Tendría una nueva experiencia de a tres. Pero esta vez, todo sería diferente.

—¿Cómo se sintió?

—Confundido.

—¿Me quiere contar?

—Llegué al departamento de Lisa y nos quedamos un rato largo conversando hasta que llegó Sebastián. Charlamos, tomamos algo y fuimos entrando en confianza. En un momento ella, de un modo muy relajado, me preguntó si quería que hicieran algo. Sentí una profunda ambivalencia. Por un lado, me preguntaba qué hacía ahí, con una travesti y un prostituto. Yo, que soy un profesional, un padre de familia. Y por otro me moría de ganas de mirar. Se lo dije y pasamos al cuarto. —Pausa—. No me haga entrar en detalles, por favor.

—Diga lo que quiera.

—Fue una experiencia muy fuerte. Me limité a observarlos. Sebastián y Lisa hicieron el amor. Con mucha pasión, pero también con ternura. Me sorprendió.

—¿Por qué?

—Ya lo dijo usted. Por mis prejuicios. Yo pensaba que en estos casos todo era insultos, desmesura. Y no. La relación no tuvo nada de promiscua. Incluso fue... bella.

—¿Qué quiere decir con eso?

—Sus cuerpos. Tan lindos ambos. Y ellos entregados con el único fin de darme placer a mí.

—También Magie y Mariela hicieron algo parecido. Sin embargo, el resultado fue diferente. ¿Por qué cree usted que fue así?

—No lo sé.

—Víctor, usted usó en aquel momento una frase muy particular. Dijo que «no tenía nada que ver» con eso. A lo mejor con dos mujeres usted sintió que «no tenía nada que ver» o, dicho de otra manera, que no tenía nada «para ver», que allí faltaba algo. En cambio, parece que Lisa y Sebastián sí tuvieron algo para mostrar, algo que usted quería ver.

Pausa.

—¿Sus penes?

—Puede ser. Usted dijo que Lisa era como la perfección, ya que tenía la belleza de una mujer y «la completud» de un hombre. ¿Lo recuerda?

—Sí.

—Quizás vea usted a la mujer como incompleta, como si le faltara algo.

—Bueno, algo le falta.

—No, Víctor. A la mujer no le falta nada. Tiene otra cosa. La vagina no es falta de pene, pero puede que a usted le impacte de esa manera. Y la única realidad que vale en este análisis es su realidad psíquica.

—¿Y si esto fuera así?

Me lo pregunta angustiado. Como si temiera una respuesta que ve asomarse en un horizonte que no quiere para él.

Fue una etapa muy convulsionada de su análisis. Su doble vida se había acentuado. La parte oculta de su existencia era cada vez más fuerte, hasta que un día se animó y entró al juego de un modo diferente.

—¿Cómo fue?

—Estaba mirándolos y sentí que tenía mucho deseo de participar. Entonces, me acerqué y lo hice.

—¿Qué hizo?

Silencio. Largo, pesado.

—Los acaricié. Ellos también a mí. Nos besamos y… penetré a Lisa.

Llora.

—¿Puedo saber por qué llora?

—Se va a reír.

—No.

—Me emociona recordarlo.

Esta sí era una respuesta inesperada. La sorpresa del analista es también parte importante de la experiencia analítica.

—¿Qué lo emociona?

—El placer que experimenté, la libertad. Sentí como si nunca hubiera sido pleno hasta ese momento. Fue una sensación prolongada, intensa. Había una comunión diferente entre nosotros. Tanta que Sebastián se levantó y nosotros nos quedamos juntos. Es más, él se fue del departamento y ni nos dimos cuenta. Fue sublime.

Al escucharse hace una pausa. Se angustia.

—¿Qué pasa?

—Es terrible lo que estoy diciendo.

—Es lo que siente.

Víctor estaba conmovido, impactado. Lisa le había despertado sensaciones y afectos desconocidos. Pero allí estaban, y a esta altura no podíamos detenernos.

La vida «luminosa» de Víctor se iba ensombreciendo cada vez más. Ya casi no tenía relaciones con Virginia y, cuando lo hacía, experimentaba una fuerte sensación de asco. De a poco se fue distanciando de su hogar. Sentía culpa por eso, en especial por sus hijos.

En el intento de revertir la situación, más de una vez se propuso no volver a llamar a Lisa, pero esa decisión duraba apenas unos días, al cabo de los cuales la angustia y el dolor lo llevaban a verla de nuevo. Ella también estaba conmocionada. En apariencia se había enamorado de Víctor. ¿Y él? ¿Qué pasaba con él?

Aquella sesión fue trascendental para el análisis y para su vida.

—A lo mejor usted se ha enamorado de Lisa. ¿No le parece?

—No puede ser. Esto no puede estar pasándome. No quiero esto para mí.

—Víctor, no siempre las cosas son como uno querría que fueran.

—Sí. Pero ¿por qué esto? —Pausa—. ¿Sabe qué es lo que siento? Que la culpa es suya, suya y de este puto análisis que empecé.

—¿Usted cree que yo soy el responsable de sus deseos?

—No. Pero yo manejaba mis impulsos de otra manera.

—Eso es cierto. Por eso vino. Porque quería cambiar su manera de relacionarse con sus impulsos. ¿O no?

—Sí, pero jamás imaginé que iba a terminar así.

—¿Y quién le dijo que este es el final? A lo mejor, es el comienzo de algo diferente.

—Sí, de algo sucio y promiscuo.

—¿Por qué dice «promiscuo»? Según me ha contado, hace ya mucho tiempo que usted y Lisa se encuentran para cenar, salir a caminar o hacer el amor. Hace tiempo que dejó de ser solo una relación pasional.

—Gabriel, ¿usted se da cuenta de lo que estamos hablando?

—Sí. ¿Y usted?

—Por supuesto. Por eso estoy desesperado. Y encima me pregunta si no estoy enamorado de ella. ¿Y si así fuera, qué? De todos modos, no podría hacer nada.

—¿Por qué?

—Porque sería una tragedia. ¿O no se da cuenta de que esto no puede traerme ningún tipo de bienestar?

—Nunca acordamos buscar su bienestar, sino su verdad.

Inspira profundo. Percibo su enojo.

—¿Por qué no se va a la mierda?

—Si lo hiciera, ¿su verdad sería otra?

Silencio.

—Gabriel, estoy desesperado.

Lo sé. Hay verdades que conmueven la existencia entera de una persona. Y Víctor estaba frente a una de ellas. Nadie podía elegir por él. Pero el velo había comenzado a correrse y ya no se podía volver atrás.

Durante varias sesiones volvimos sobre frases que Víctor había dicho a lo largo del análisis.

—Me gustaría que repasáramos algunas cosas. A lo mejor, a la luz de los acontecimientos que han pasado, podemos pensar sus dichos de otra manera. ¿Le parece?

—Bueno.

Muchas veces, mientras escucho el relato de mis pacientes, algunas de sus frases se me imponen como dichas en rojo. En ese momento desconozco el porqué, pero con el tiempo encuentran un sentido nuevo. Tomé su historia clínica y elegí algunas de ellas.

«No puedo desear a una sola mujer».

El análisis de esta frase lo llevó a formularla de otra manera: jamás, en toda su vida, había podido desear de verdad ni a una sola mujer. Algo en ellas le imposibilitaba el deseo. ¿Qué cosa? No se trataba de algo que había en ellas, sino de algo que no había. Víctor concluyó que veía en la falta de pene una carencia intimidatoria. Por eso una relación sexual entre mujeres le pareció angustiante. Esta reflexión se vio reforzada con el análisis de otro de sus dichos.

«Ya de chico sentía la mirada de las mujeres sobre mí».

Formuladas en el contexto anterior, estas palabras parecían remitir a su seguridad como hombre, a la creencia de haber sido siempre deseado, cuando en verdad hacían referencia a la sensación de amenaza que sentía al ser mirado por ellas. Como si quisieran apropiarse de algo que él creía tener y ellas no.

Freud ha teorizado acerca de la «angustia de castración» que aparece en los varones en un momento crucial del Complejo de Edipo. Víctor era un claro ejemplo.

«Es mi karma. Siempre le gusté mucho a las mujeres».

La palabra *karma* lo remitió a un castigo. Víctor sentía la condena de ser deseado por las mujeres cuando en realidad su deseo no estaba dirigido a ellas.

«Lo que le hago a mi familia».

Ahora sí pudimos encontrarle sentido a esta frase. No se trataba de sus infidelidades, sino de su miedo al daño que su manera de vivir la sexualidad podría causarles a sus hijos, a su mujer, sus hermanos y a todos aquellos que quería. Tenía un enorme temor de no ser aceptado. Y no era solo el miedo a perder a su familia sino el temor a perder todo lo que había construido durante su vida: sus amigos, su reputación, su trabajo.

—¿Cómo confiesa alguien a los cincuenta años que de golpe se ha vuelto puto?

—Víctor, está cometiendo dos errores. En primer lugar, se confiesan los delitos o los pecados. Y usted no ha cometido ni una cosa ni la otra. En segundo lugar —utilizo sus palabras—, nadie se vuelve «puto de golpe». Pero el análisis permite que alguien descubra cosas que han estado sepultadas durante mucho tiempo.

A medida que avanzábamos, se percibía con más claridad. Una verdad que ni siquiera podía formular con precisión.

—Gabriel, ¿usted puede ayudarme a ser heterosexual?

—Víctor, yo no puedo ayudarlo a ser quien no es. Pero sí podemos seguir trabajando para que pueda aceptar lo que sí es y vivir su deseo con dignidad.

Víctor aceptó el desafío y siguió adelante, con valentía y a pesar de su dolor. Comprendió que su donjuanismo era en realidad una formación reactiva, una manera de defenderse de la angustia que le generaba la mirada erótica de una mujer. También pudo identificar el origen de su culpa y se esforzó por resolver el conflicto.

Se separó de su mujer. Es un padre ejemplar. Ve a sus hijos casi a diario y los tiene con él cada 15 días. Sigue siendo un profesional exitoso. Extraña la sensación de hogar y a algunos amigos de los que tuvo que alejarse.

Ha llegado a una conclusión que lo emociona y lo aterra a la vez: está enamorado de Lisa. Y ella de él. Están en pareja desde hace un tiempo, aunque no viven juntos. Ella dio de baja su página de internet y ha cambiado de trabajo.

Víctor tiene miedo y se pregunta: ¿se puede ser feliz así? ¿Lisa y él podrán armar un hogar siendo tan distintos del resto? ¿Podrá decirles a sus hijos cuál es su verdad?

Desde que está con Lisa nunca le ha sido infiel. Tampoco ha vuelto a consumir pornografía.

Es necesario ser un creyente del Psicoanálisis para no detenerse en algunos momentos del tratamiento. Es muy duro ver a un paciente desgarrarse, sufrir, sentir que todo el andamiaje de su vida se cae, y dejarlo caer. A veces es inevitable. No es la cura el fin último del Psicoanálisis, si es que entendemos la cura como la eliminación de los síntomas.

Lacan dijo: «Yo lo escucho, el Psicoanálisis lo cura… además». ¿Por qué «además»? Porque la cura no es la meta. Es un plus, una consecuencia que se produce cuando el sujeto descubre su verdad.

El Psicoanálisis es un método terapéutico, es cierto. Pero antes que nada es una ética cuyo bien más preciado es la verdad del sujeto. Para alcanzar esa verdad, en ocasiones, debemos ir contra la voluntad consciente del analizante y atravesar sus resistencias.

Otras técnicas proponen apoyar el síntoma. Nos cuestionan: ¿no sufre menos el paciente si lo ayudamos a que siga su vida como estaba, aunque implique renunciar a su deseo?

Puede que sí.

En lo personal me guía una convicción. El analista no debe buscar el bienestar del paciente. Debe ayudarlo a descubrir quién es y qué desea.

Es el compromiso que sostiene cada una de mis intervenciones. La elección de renunciar a lo «moral» o terapéutico en respeto por la ética.

El concepto de terapia supone la idea de la pérdida de un equilibrio, un estado de salud que recuperar. Por el contrario, el análisis no busca recobrar un estado anterior del paciente sino darle la oportunidad de convertirse en alguien que no hubiera sido jamás si no se hubiera analizado. No se trata de recuperar sino de parir un sujeto nuevo.

La ética del Psicoanálisis nos invita a caminar junto al paciente por su Infierno personal y alentarlo para que no retroceda cuando enfrente su deseo. Que lo palpe. Que lo huela. Que lo asuma. A pesar de los temores. Aunque le tiemble el cuerpo. Aunque el juicio de los demás lo desapruebe. Porque será él quien pague el precio de sus decisiones. El análisis es para los valientes. Para los que se animan a mirar a los ojos del deseo. Hasta allí debemos acompañarlos. No más. Lo que cada uno haga con él, pertenece a su libertad.

A veces, lo confieso, me he planteado este dilema. Pero siempre llego a la misma respuesta: prefiero la verdad. Más allá de los costos, y a pesar de la profunda soledad que habita en ese espacio.

Por eso sigo siendo analista.

CASO SEIS: MORA

SOLEDAD, DESAMPARO

6

Abre el bolso y saca una cajetilla de cigarros.

—¿Puedo fumar?

—No.

—¿De verdad?

Asiento. Me mira y los guarda con disgusto.

No es el mejor comienzo. Es importante que los pacientes se sientan cómodos en una primera entrevista. La noto molesta.

—¿Fumas mucho?

—Más o menos. Pero cuando estoy nerviosa me ayuda.

—¿Y ahora estás nerviosa?

—Sí.

—¿Por qué?

—Supongo que porque tengo que contarle cosas íntimas a alguien que ni siquiera conozco.

—En el *mail* dijiste que me conocías.

—Sí. De los libros, de la radio… pero esto es distinto.

—Es cierto. —Se queda en silencio—. ¿Qué edad tienes?

—42 años.

—¿Y a qué te dedicas?

—Soy abogada. Especialista en derecho de familia.

Pausa.

—¿Y por qué estás aquí?

No responde. Está incómoda.

—¿Por qué no puedo fumar? —protesta.

—Porque al consultorio vienen otras personas y a muchas les molesta el olor a cigarro y no tienen ganas de ser fumadoras pasivas. —Sonríe, y en ese gesto intuyo una puerta—. ¿Qué te causa gracia?

—Tus pacientes dicen lo mismo que Carlos.

—¿Quién es Carlos?

—Mi marido.

—Ah, estás casada.

—Sí, y tengo una hija. Tiene seis años. Se llama Mía.

—¿Y cómo estás con ellos?

—Bien. Muy bien.

Se hace difícil hablar. Está resistente.

—¿Por qué pediste esta consulta?

Pausa.

—Porque no me siento bien. —Baja la mirada—. Pasa que… me estoy separando.

Silencio.

—Recién me dijiste que en tu casa las cosas estaban bien.

—Sí, en casa, sí.

—¿Entonces, de quién te estás separando?

—De Luis. El amor de mi vida.

Mora tenía motivos para estar nerviosa. Iba a contar cosas muy íntimas a alguien que todavía no conocía. Y para ayudarla, yo debía ganarme su confianza.

El análisis es un proceso que discurre en el tiempo. Un camino, por lo general prolongado. Durante el recorrido se atraviesan momentos distintos. Algunos más relajados, otros tensos. En algunas sesiones la protagonista es la emoción. En otras, el pensamiento.

Pero hay episodios que tienen una importancia diferente. Ocurren de vez en cuando y duran muy poco. Apenas instantes. Instantes que el analista espera porque marcan puntos de giro en el tratamiento y, por eso mismo, en la vida del paciente. En esos casos se produce la verdadera «experiencia analítica». El fenómeno que hace del Psicoanálisis una terapia diferente a las demás.

Se trata de una experiencia que tiene dos caras. Una puede percibirse; la otra, queda en el marco de la construcción teórica.

Vemos la cara sensible en los momentos en los que el paciente duda, interrumpe su discurso, balbucea. A veces comprende qué ha pasado, pero en ocasiones ni siquiera percibe que acaba de decir algo importante.

Es sabido el valor que el lenguaje tiene para el Psicoanálisis. Eso no debe confundirnos. Al analista no le interesa el lenguaje como elemento de comunicación. Le importa el lenguaje en ese punto en que falla. Momentos en los que el paciente habla y no sabe lo que dice. Entonces, quiere desprenderse de sus dichos y los deja a un costado. Pero el analista recoge esos dichos. Los desempolva y los pone a trabajar. Es decir que, más que el lenguaje, nos interesa el basurero del lenguaje. Los segundos en que el sujeto no sabe hablar, no encuentra la palabra justa, o se equivoca. El relato se suspende y aparece esa energía que sostiene el padecimiento. Esa es la cara que no vemos y debemos sostener apoyados en la teoría que nos indica que, cuando la palabra falla surge el goce, el placer masoquista, la pulsión de muerte.

Con mis sentidos percibo la duda. Y el Psicoanálisis me indica que, cuando eso ocurre, es porque ha aparecido el goce.

Es un momento único. Se ha abierto una grieta y tenemos la oportunidad de bordear ese goce con palabras para quitarle algo de poder «al lado oscuro de la fuerza».

Cuanto más asome esta experiencia, más profundo avanzaremos en el camino de la cura. Por fortuna, en este caso, esos instantes abrirían senderos que permanecían ocultos incluso para Mora.

No quiso profundizar el tema de su ruptura con Luis en aquella entrevista.

Algunas semanas después me contó que había hecho terapia desde chica.

—Así que no tengas mucha expectativa conmigo porque siempre las interrumpo.

Me contó que sus padres la llevaron a un psicólogo por primera vez cuando tenía 13 años. Estaba a punto de repetir el año y la maestra les aconsejó que hicieran una consulta.

—¿Recuerdas qué te pasaba?

—Nada en especial. Mis papás estaban mal. Peleaban todo el día y me di cuenta de que iban a separarse en cualquier momento. Había un ambiente de mierda, y me mandaron un par de meses con mis tíos. Querían estar solos para ver si podían recomponer la pareja. No sé de qué pareja hablaban si hacía años que no se hacían caso. Y bueno… Supongo que en medio de esa situación quise llamar la atención.

—¿Y te ayudó la terapia?

—Según. A aprobar el año, sí. A soportar a mis padres, no.

—¿Cómo viviste la separación?

—Fue muy difícil. Soy hija única y me convertí en el trofeo en disputa. —Piensa—. Todo era una mentira. No creo que ninguno de los dos me haya querido de verdad.

—¿Por qué dices eso?

—Porque si me hubieran querido se habrían preocupado por mí. Y no. Al contrario. Me la hicieron pasar muy mal.

—Cuéntame.

—Cuando mi papá me venía a buscar era un escándalo. Cuando me traía de vuelta a casa, otro. Si me regalaba una muñeca, mi madre la tiraba a la basura. Mi papá me decía que mamá estaba loca y ella que él era un hijo de puta… ¿Quieres que siga?

—…

—Encima, dos años después apareció Griselda. La mujer actual de mi papá. Una divina. Se ocupó de mí mejor que él. Pero mi mamá enloqueció.

—Y tú, ¿qué hiciste?

—¿Y qué iba a hacer? Aguantaba. Fue una época de mierda. Por suerte, pasaba el día en la casa de Tatiana, mi mejor amiga, y así lo capoteaba. —Pausa—. Ahí conocí a Guido, el hermano de Tati, mi primer novio.

Se pone seria.

—¿Qué pasa?

—Estuve dos años con él sin que pasara nada. Nada sexual, quiero decir.

—…

Me mira.

—¿Conociste a alguna mujer que quedara embarazada en su primera relación sexual?

—…

—Bueno, ahora conoces al menos a una. —Hace una pausa. Recuerda—. Fue un caos. La pasé muy mal. Tenía tanto miedo que hasta abandoné el psicólogo.

—¿Por qué?

—Porque no quise hablar del tema con él. Tuve miedo de que le contara a mi madre. Qué sé yo… quizás no fue lo mejor.

Pero yo tenía 15 años, era menor de edad, y me asusté. Guido y yo juntamos el dinero como pudimos y me hice un aborto.

—Pausa—. ¿Qué piensas del aborto?

Mi postura es clara. Fui orador en el Congreso de la Nación apoyando la ley de interrupción voluntaria del embarazo. Sé del trauma que genera atravesar esa situación en lugares riesgosos y en el marco de la ilegalidad. La carga del secreto y la condena social. De todos modos, Mora no tiene por qué conocer mi posición. Y yo no tengo por qué responder a su pregunta en este momento.

—Mi opinión no importa. Importa lo que pienses tú.

—Pienso en quienes critican a las mujeres que abortan. Se creen que es fácil. Que es un trámite. Como si no tuviéramos que poner el cuerpo y la cabeza. No saben lo mal que se pasa. Y mucho más siendo tan chica. —Suspira—. Después de eso fue como si mi vida se hubiera interrumpido y nada fue como antes. Terminé la relación con Guido y me quedé sola, pero sola de verdad. Y como si fuera poco, Griselda se embarazó de Patri, mi hermana. Así que imagínate.

—Mejor cuéntame.

—Mi papá estaba feliz de la vida, mi mamá enfurecida…

—¿Y tú?

—Yo me quedé sin lugar. A casa de Tati no podía ir porque estaba Guido. A pesar de las protestas de Griselda, mi papá transformó mi cuarto en la habitación del bebé, y en casa de mamá el clima era insoportable. Y voy a decirte algo que nunca le dije a nadie: en ese momento comprendí que mi vida iba a ser siempre una mierda.

Es una frase demasiado fuerte como para continuar. Una frase que señala el final de la entrevista y la entrada de Mora en análisis.

Es impensado que alguien produzca su entrada en análisis en el primer encuentro. Por lo general, son necesarios algunos encuentros para construir el vínculo transferencial, para que el analista ocupe un lugar único en la psiquis del paciente. Sin embargo, Mora es ese caso impensado. El unicornio. Cuando dijo que lo que iba a decirme nunca se lo había contado a nadie, comprendí que yo tenía un lugar de privilegio en su vida. Quizás por eso manifestó conocerme en el *mail*. Aun en mi ausencia, ella había construido un vínculo conmigo. Un vínculo que se había desplegado ahora, en el consultorio.

No lo dudé. Cuando llegó a nuestro segundo encuentro le pedí que fuera al diván. Asintió. Se acostó y comenzó a hablar de su relación con Luis.

—Lo conocí en un juicio. Un caso por la tenencia de un hijo. Yo representaba al padre y él a la madre. —Empezaron como rivales.

Sonríe.

—No es una mala manera de empezar. El rival te moviliza, te obliga a pensar en él, a tenerlo en cuenta. Suelo estudiar la manera en la que se comporta el abogado que enfrento. ¿Sabes? Los juicios no los ganan las pruebas, los ganan o los pierden las estrategias. La personalidad del profesional. No se trata de una disputa legal con la otra parte, sino de una pelea personal contra el otro abogado. Y si puedo, lo hago pedazos. Quiero que entre a la audiencia con miedo. Si consigo eso, sé que voy a ganar.

—¿Y qué ganaste esta vez?

Mi pregunta la sorprende. Se calla. Experiencia analítica. La teoría me indica que apareció la angustia.

—Gané una herida más. —Le cuesta seguir—. Lo nuestro empezó hace tres años. Yo estaba tomando un café a la vuelta del Palacio de Justicia. Él entró y vino directo a mi mesa. Me pidió permiso para sentarse. Le dije que no era lo más conveniente porque en unos minutos íbamos a enfrentarnos en una audiencia. Me respondió que de eso mismo quería hablarme, y me preguntó qué tenía contra él. Por qué lo agredía tanto. Le dije que contra él tenía un litigio y que no se trataba de agresión sino de firmeza. Se rio y me dijo que no hacía falta que fuera tan extrema, que no siempre el que está enfrente es un enemigo, y que si en la audiencia de ese día lo trataba bien, a la salida me invitaba a almorzar. —Me mira—. Bueno, al final almorcé con él. Me resultó atractivo, y muy inteligente.

—Disfrutaste del encuentro.

—Mucho. —Suspira—. Después de la siguiente audiencia nos acostamos. Una falta total de ética.

—¿Contra quién?

Nuevo silencio.

—Tienes razón.

—¿Con qué tengo razón?

—Con lo que insinúas.

—Mora, yo no insinué nada. Solo hice una pregunta. Dime qué piensas.

—Que quise decir que era una falta de ética legal, pero la verdad es que eso no me importa. En esta profesión estas cosas pasan todo el tiempo.

Está reconociendo que dijo algo diferente a lo que quiso decir. Otro instante preciado. Una nueva experiencia analítica.

—Ahora siento que no estuve bien con Carlos. Él no se lo merecía. Siempre fue tan bueno conmigo. El único hombre bueno de mi historia. Me cuidó desde que nos conocemos. Nunca hizo nada que yo no quisiera, es un gran padre, un gran tipo. Pero no pude evitarlo.

—¿Qué no pudiste evitar? —Se angustia—. ¿Me parece o estás hablando de algo más?

Asiente.

—Enamorarme. Eso no pude evitar. Luis también se enamoró. Y ahí empezó el problema.

—¿Por qué?

—Porque comenzó a celarme con Carlos. ¿Te das cuenta? Mi amante estaba celoso de mi esposo. Quería saber si todavía lo amaba, qué hacíamos, incluso… me exigió que le contara cuando tuviéramos relaciones, y hasta que no pasaran dos días se negaba a verme.

—¿Era un castigo?

—Él decía que no podía soportar la idea de descubrirme el olor de Carlos. Y para que eso no pasara dejé de tener sexo con mi esposo.

—Es decir que para no distanciarte de Luis te distanciaste de Carlos.

Asiente.

—¿Y Carlos?

—No dijo nada. Ya te conté que es el hombre más bueno del mundo.

—Mora, a veces alguien no se calla porque es bueno, sino porque está angustiado.

Silencio.

—¿Qué me quieres decir? ¿Que hace años que mi marido vive angustiado por mi culpa?

No respondo y doy por terminada la sesión.

La relación de Mora con Luis se había complicado hacía unos cinco meses, cuando él le pidió que se separara.

—Yo no quería.

—¿No querías o no podías?

—No sé. Es lo mismo. Lo importante es que no iba a separarme. No estaba dispuesta a hacer sufrir al hombre más digno del mundo. El único que me trató con respeto en la vida.

—Pero tú, ¿tienes ganas de estar junto a ese hombre que te trató tan bien? Porque si lo haces por culpa, si no deseas más esa relación, va a ser difícil que seas feliz. Y por lo que dices, Carlos es demasiado digno como para encontrar la felicidad con alguien que no lo ama.

—Es que sí lo amo. Pero ya no lo deseo.

Me mira. Sus ojos se llenan de lágrimas. Otra vez desaparecen las palabras. Otra vez se hace presente la angustia.

—¿Qué pasa?

—…

—Dime qué piensas.

—Que nunca sentí deseo por mi marido.

La forma en que lo dice me sorprende. Escucho algo más, como si de nuevo estuviera diciendo otra cosa. Entonces le pregunto:

—¿Deseaste a alguien alguna vez?

Mora rompe en llanto. Es un momento duro. Se queja, le duele. La dejo llorar.

Minutos después intento que pueda poner algún sentido a ese dolor.

—¿Qué estás pensando?

—Pasa que… Yo no sé lo que es desear… Nunca tuve un orgasmo… Nunca disfruté del sexo… Al principio pensé que era porque era chica, después porque no había dado con la persona indicada. Hasta que en un momento reconocí que el problema era yo. Tuve miedo de ser frígida. —Pausa—. A los treinta años, más o menos, pensé hacer una consulta médica. Pero no me animé.

—¿Por qué?

—Ya ves cómo son estas cosas. No quería que me descubrieran algo malo. Un temor o algo de eso. Porque…

—Espera, Mora. ¿Qué dijiste?

—Que no quería que me descubrieran algo malo. —¿Algo cómo qué?

—Ya te dije. Un tumor o algo así.

—No dijiste un «tumor». Dijiste un «temor».

El balbuceo. El basurero del lenguaje.

—¿En serio?

—Sí. Dime, si no era un tumor, ¿qué es eso malo que temías que descubrieran?

—No puedo —dice de modo casi inaudible.

—Inténtalo.

Niega.

La cara muda de la experiencia analítica. El puro goce. Aquí está. En el consultorio, frente a mí. Ella no puede hablar, pero yo sí. Se abrió la grieta, y tengo la posibilidad de poner algún sentido que acote su dolor.

—Mora, en la vida, todo tiene un precio. El precio de tu silencio ha sido el sufrimiento y el miedo. Ese temor retenido que apareció en tu relato, seguro te invadió en muchos momentos de tu vida. Y a lo mejor, no lo sé, también tu imposibilidad de disfrutar del sexo sea parte del costo que tiene ese silencio. Porque la angustia que no puede desgastarse con palabras se hace síntoma y te pone en riesgo, o te lastima el cuerpo. No sentir placer es otra forma de lastimarse. Este es un momento muy importante. Hasta ahora, sin saberlo, tú pagaste con silencio y con temor. Pero ahora lo sabes y, a lo mejor, puedes hacer algo para cambiar eso. Paga, Mora. Pero paga con palabras, no con dolor. Habla. Cuéntame qué es eso malo que temías que los médicos descubrieran.

Mientras lucha por hablar, fragmentos de sesiones anteriores vuelven a mi mente, y las piezas del rompecabezas comienzan a ordenarse.

—Me dijiste que interrumpiste tu primer tratamiento por miedo a que el psicólogo le contara a tu mamá lo del aborto.

¿Estás segura de que era eso lo que temías que tu madre supiera, o hay algo más?

—…

—Aquí puedes hablar, Mora. Dime qué te pasó.

Me recorro para estar más cerca, para ponerle el cuerpo a su sufrimiento y para que sienta que estoy ahí y puede confiar en mí.

Minutos después regresan las palabras.

—¿Te acuerdas de que te conté que cuando mis padres estaban por separarse me mandaron con mis tíos?

—Sí.

—Mi tía Élida es la hermana de mi mamá. Un ángel. Teníamos una relación muy linda, por eso acepté ir con ella. Me preparó un cuarto con todo lo necesario para que yo estuviera cómoda. Y al principio la pasé bien. Ella y mi tío se llevaban genial y, comparado con lo que pasaba en casa, estar ahí era el paraíso. Hasta que…

Se detiene.

—Te escucho.

—Una noche me desperté a la madrugada para ir al baño. Cuando abrí la puerta, del otro lado, estaba mi tío… —Pausa—. Lo saludé y quise salir para dejarlo pasar, pero él me agarró del brazo y se metió al baño conmigo. Me miró, me acarició la cara, los hombros… —le cuesta hablar. No la interrumpo. Ella sigue con la voz entrecortada—. Me dijo que estaba muy linda y también que… que a los hombres les gustaban las niñas lindas. Entonces… me agarró la mano y se la puso en el pene.

Silencio. Se interrumpe de nuevo. Le cuesta seguir. Toda la emoción, los miedos y la angustia de aquel momento la recorren hoy, aquí y ahora.

—Yo nunca había tocado un pene… Le pedí que me dejara salir. Me dijo que primero íbamos a jugar. Se bajó el calzón y… lo vi.

—¿Recuerdas qué sentiste en ese momento?

—Temor.

Nunca en su vida Mora había hablado de esta experiencia. Por primera vez su mente adulta puede entender el horror que vivió de chica.

Ahora aparece el sentido de sus palabras al hablar de los padres «si me hubieran querido, se habrían preocupado por mí».

Continúa entre sollozos.

—Mi tío me empujó de los hombros hasta que quedé de rodillas y… me la puso en la boca mientras se masturbaba.

Cierra los ojos. Parece avergonzada.

—…

—Gabriel, ¿me puedo sentar?

—Sí —respondo de inmediato.

Se incorpora del diván.

—Qué asco… —murmura y se tapa la boca, como si tuviera arcadas.

—Tranquila, Mora. —Tiembla. Le cuesta recomponerse. Debo ayudarla—. ¿Quieres un cigarro?

Se sorprende.

—¿Qué?

—Te pregunto si quieres fumar.

Me mira.

—¿Puedo?

Asiento.

—¿Y tus pacientes?

—Que se jodan.

Sonríe. En medio del horror aparece una sonrisa. La palabra comienza a hacer lo suyo. Mora se estira para alcanzar su bolso. Enciende un cigarro y le pega una fumada larga. Dos. Tres.

—¿Qué hago con las cenizas?

Le acerco un vaso. Me agradece.

—Eso no fue todo —continúa—. Después de un rato, el hijo de puta se sentó en el inodoro, me subió frente a él y me penetró. Por Dios, qué dolor. Te juro que era horrible. Y su aliento, y sus manos que me apretaban mientras me obligaba a moverme... Creí que no iba a terminar nunca. No sé cuánto pasó, pero en un momento me dijo: «Bueno, basta... estas cosas se hacen bien. No queremos que te pase nada malo». Se levantó y se tocó hasta que acabó. Fue espantoso. Después me llevó de la mano hasta el cuarto y me pidió que me acostara. Yo tenía miedo de que quisiera más. Por suerte no. Dijo que todo había sido muy lindo, que la habíamos pasado bien, pero que no podíamos repetirlo. Que no dijera nada, porque si hablaba tendrían que llevarme de nuevo con mis padres y ellos podían castigarme por lo que había hecho. Pero que me quedara tranquila porque él jamás iba a contarle a nadie.

Esta vez su relato fue corrido; tenía más coraje que angustia.

Pausa.

—¿Volvió a pasar?

—No. Nunca más me tocó. Ni siquiera se insinuó. Como si no hubiera pasado nada.

Niega con la cabeza.

—¿Qué pasa?

—Que nadie lo creería. Horacio es el tío bueno, el que compartía los juegos con los niños, el que se disfrazaba de Papá Noel, el de los cohetes de fin de año.

—A lo mejor por eso nunca pudiste decirlo. Porque pensaste que nadie lo creería. Pero yo te creo.

—Gracias —dice emocionada—. Igual, en algo te mentí... No era cierto que quedé embarazada en mi primera relación sexual. Ya había tenido otra antes.

La miro.

—Te equivocas. No me mentiste, porque lo que pasó con tu tío no fue una relación sexual. Fue una violación. Una relación sexual es una experiencia muy distinta, un acto consensuado entre dos personas que quieren compartir un momento de intimidad para darse placer. Que tienen derecho a decir que no cuando lo deseen. Eso te pasó con Guido, pero no con tu tío. Y es importante que entiendas la diferencia. Porque si para ti, inconscientemente, una relación sexual y una violación son lo mismo, va a ser muy difícil que tengas deseo y puedas disfrutar de tu sexualidad. —Pausa—. Y algo más. El primer orgasmo que conociste en tu vida fue el orgasmo de tu tío. Y lo asociaste al espanto; a su aliento, a sus manos. No me extraña que no tengas ganas de volver a pasar por un momento como ese. Pero no siempre es así. Tienes derecho a excitarte, a disfrutar de otros alientos, de otras manos y a sentir tus propios orgasmos que, te aseguro, se van a dar en circunstancias muy distintas a las de aquella noche. Ya no eres esa niña indefensa de la que alguien abusó. Ahora eres una adulta, y puedes elegir. Ahora depende de ti.

La sesión duró unos pocos minutos más. Los que Mora necesitaba para recomponerse.

Sabía que todo lo que habíamos trabajado produciría cambios en ella. Pero nunca imaginé lo que vendría.

Después de aquella sesión, Mora abordó el tema de su ruptura con Luis.

—Veníamos muy bien, pero hace unos meses la relación se puso complicada.

—¿Qué pasó?

—Luis empezó a obsesionarse con Carlos. Quería averiguar si me abrazaba cuando dormíamos, si conversábamos en la cena, si tomábamos mate en la mañana, si mirábamos una serie juntos… Quería saberlo todo. Y yo le decía la verdad. Que no tenía problemas en mi matrimonio. Que con Carlos compartía todo lo que comparte cualquier pareja.

—Menos el sexo.

—Tú me dijiste que no era una obligación que tuviera que cumplir.

—Sí, claro. Pero, por lo general, las parejas tienen sexo. Y no por obligación, sino por deseo. Un deseo que no sientes por Carlos. Y por lo que me contaste, tampoco por Luis. Sin embargo, con él sí te acostabas. ¿Por qué?

—Porque no quería que me dejara.

—Pero te dejó igual.

—Sí. Me presionó. Me dijo que si no me separaba ya mismo, lo nuestro se terminaba, y yo no pude decidirme.

—Te equivocas. Si Luis te dijo que si no te separabas se iba y tú no te separaste, en ese momento tomaste una decisión. Al fin de cuentas, me parece que fuiste tú quien lo dejó.

—…

—¿Qué piensas?

—Que si es como dices, de alguna manera elegí a Carlos.

—¿Y por qué crees que lo elegiste a él y no a Luis? —Duda. Parece confundida—. En una sesión dijiste que Carlos era el único hombre bueno de tu historia. Y en algún punto es cierto. Carlos no fue como tu padre que se fue, te convirtió en un trofeo en disputa, te desarmó el cuarto y te dejó sola con los ataques de tu mamá. Ni como tu tío que te violó y te condenó a un silencio doloroso. Carlos te cuidó siempre y, según tus palabras, nunca te hizo nada que no quisieras. —Asiente—. A lo mejor tu decisión tenga que ver con eso.

Piensa.

—Pero no sé si lo que dije es verdad.

—¿Cómo es eso?

—Claro, porque, no es el único hombre que no me lastimó. Después de todo, ¿qué me hizo Guido que yo no quisiera?

Respondo con cuidado. Estoy apelando a pensamientos inconscientes que es probable que Mora no haya registrado nunca.

—Guido te quiso, pero eran chicos. No supieron cuidarse y la relación con él hizo que tuvieras que pasar por la circunstancia traumática de un aborto clandestino.

—No fue su culpa. Yo también tuve que ver.

—Yo lo sé. Tú lo sabes. Pero tu Inconsciente no. Una de las primeras cosas que el paciente del Psicoanálisis debe lograr es la aceptación del Inconsciente. Es necesario que comprenda que el ser humano está lleno de contradicciones. Que una parte de nosotros quiere o siente algo, y otra anhela todo lo contrario.

Mora luchaba para estar bien y ser feliz. Pero, como a todos, la recorría también ese impulso secreto que busca lo opuesto. Y era importante que lo aceptara. Para eso sirve el análisis. Para que alguien reconozca ese otro relato que lo habita sin que lo sepa. Porque, muchas veces, ese relato, esas creencias, esa pulsión destructiva, se apropian de él, manejan su vida desde el silencio y hacen que tome decisiones que lastiman.

Pausa.

—¿Y Luis? ¿Qué me hizo él?

—Por lo que me contaste, quiso forzarte a romper tu matrimonio. Separarte del único hombre con el que te sentiste segura en la vida.

Se queda pensando unos segundos.

—Pero hay algo que no entiendo. Si con Carlos me siento tan protegida y el sexo no me interesa, ¿por qué me enganché con Luis?

Es una pregunta difícil de responder.

El analista tiene algunas intervenciones a su disposición. Puede, por ejemplo, preguntar, callar, contener, elegir el momento para cortar la sesión, sugerir o interpretar. La interpretación es una intervención distinta. Una de las más fuertes. Implica la puesta en juego de los dichos del paciente en boca del analista. Solo eso. Ni más ni menos. Durante el camino los analistas vamos juntando esos «restos» que aparecen en los instantes en que se produce la experiencia analítica y, cuando lo consideramos pertinente, se los devolvemos al paciente que se asombra, a pesar de ser quien produjo el material. Eso es una interpretación. Pero existe una intervención mucho más complicada todavía, mucho más jugada. La construcción.

El filósofo Karl Jaspers señaló que la razón tiene un límite. Que nos lleva hasta un cierto punto en la comprensión de lo sagrado, y quien deseara adentrarse al territorio de lo divino debía estar dispuesto a dejar la razón y pegar un salto. El salto de la fe.

De igual modo, la interpretación nos acerca a la verdad del sujeto. Pero llega un momento donde ya no hay más recuerdos, no hay más lapsus, ni síntomas, ni sueños que puedan ayudarnos. Aparece un vacío, un puro goce que el analista intenta llenar «construyendo» un relato que dé sentido al sufrimiento del paciente. Un relato del orden del cuento, del «había una vez». Un relato que puede o no ser cierto. La eficacia de una construcción no depende de eso. Lo importante es que a partir de ese relato el paciente encuentre un lugar desde el que pueda entender su historia y cambiar el rumbo de su vida.

Tal vez sea el momento más difícil del proceso analítico. Un instante que a veces no llega nunca. La pregunta de Mora me invita a intentar una construcción. Y, por arriesgado que sea, acepto el reto.

—Mora, tú tuviste una infancia muy difícil. Soportaste el vínculo agresivo de tus padres desde muy chica. Desde mucho antes de que se plantearan la separación. A los 13 años comprendiste que no había nada que rescatar en ese vínculo porque el amor se había terminado hacía mucho. Ellos no se amaban y tú lo sabías. Había maltrato, indiferencia y, sobre todo, falta de deseo. Y eso te marcó. Te criaste en un lugar frío, distante y violento. Hiciste todo lo que pudiste para resistirlo, incluso para no ver lo que ocurría. Pero la llegada de la pubertad, el despertar de tu sexualidad, hizo que registraras la ausencia de erotismo. En la pareja de tus padres no había lugar para los sueños y el deseo. Ni siquiera había lugar para ti. Los recorría el sufrimiento, el maltrato, y un impulso destructivo que proyectaron en ti. Entonces, cargaste con el síntoma de la familia y te convertiste en el problema. La hija inadaptada que había que mandar al psicólogo. Por desgracia, no solo te mandaron al psicólogo. También te mandaron a casa de tus tíos. Y lo que antes era violencia y dolor, ahora fue además abuso, angustia y asco. —Pausa. Me tomo unos minutos para que ella pueda procesar lo que estoy diciendo. Mora permanece atenta y en silencio. Continúo—. Cuando saliste de esa casa, intentaste encontrar algo parecido a un hogar en la familia de tu amiga Tatiana. Y un poco lo conseguiste. Hasta que apareció Guido, un buen chico que te quiso bien. Hasta que llegó el embarazo no deseado, el trauma del aborto, y ya no pudiste quedarte ahí. Entonces te refugiaste en casa de tu padre, pero no porque él te transmitiera seguridad, sino porque estaba Griselda, esa persona buena que te alojó. Pero quedó embarazada. Tu papá transformó tu cuarto en un sitio para el bebé y te expulsó una vez más. Y en ese momento asumiste que tu vida sería siempre una mierda.

»La mierda es un desecho. Y así te sentiste cuando tus padres se olvidaron de que tú estabas presente mientras ellos se agredían. También cuando te echaron de la casa y te mandaron con tus tíos. Mucho más cuando ese tío te violó sobre el inodoro. Y también cuando llegó Patri, tu hermana, y perdiste el único lugar en que te sentías segura. Así, herida, saliste al mundo. A un mundo de mierda. Y para enfrentarlo te identificaste con la agresión de tus padres. Esa fue tu herramienta. Por eso todos, incluso tus colegas, se transformaron en seres con los que había que pelear para subsistir. Hasta que uno de ellos, Luis, se sentó a tu mesa y te dijo las palabras mágicas: «No siempre el que está enfrente es un enemigo». Y con esa frase simple te relajó y habilitó un espacio donde podías estar tranquila sin sentirte amenazada. Por eso lo elegiste. Y por eso te quedaste. ¿Recuerdas que te dije que todo tiene un precio? Como a ti el sexo no te interesaba, tener relaciones fue el precio que pagaste por ese espacio con él. Porque, no solo te identificaste con la agresión de tus padres, también te identificaste con su falta de deseo y, desde entonces, el erotismo fue imposible para ti. Hasta ahora.

»Me dijiste que la ruptura con Luis te generó una herida más. Entre muchas otras. Tu hogar, el abuso, el aborto, la pérdida de Guido o el rechazo de tu padre ante la llegada de Patri. Todas heridas que siguen doliendo.

»Sin embargo, hay un sitio que nunca fue una mierda: tu hogar. La familia que formaste con Carlos y con Mía. Mora, eres especialista en derecho de familia y esta vez, por fin, te diste el derecho a tener una. Y no estás dispuesta a cederla. Por eso le dijiste a Luis que no. Porque quieres defender ese hogar donde te aman y te tratan bien. Bueno... Defiéndelo, entonces. Pero defiéndelo bien. Aprópiate de ese lugar. Anímate. A lo mejor ahí tienes la posibilidad de ser feliz y, quién te dice, también de disfrutar de tu sexualidad.

Aquella sesión la alivió. El cuento que le construí dio resultado. A partir de ese relato encontró un lugar donde relajarse. El dolor por la pérdida de Luis desapareció y empezó a disfrutar de la relación con Carlos. Algunos fines de semana viajaban con su hija, otros salían a cenar solos y comenzaron a conectarse más. Volvieron a tener sexo. Mora estaba tranquila y se sentía feliz.

Tiempo después llegó rara a la sesión. Parecía inquieta.

—¿Qué te pasa?

—Estoy nerviosa por algo que pasó ayer.

—Cuéntame.

—Me llamó mi tía Elisa. La hermana de mi mamá.

—La esposa de Horacio.

Asiente.

—Me dijo que quería invitarme a la fiesta de sus bodas de oro… Y tuve un pensamiento. Pensé que hace cincuenta años que vive casada con un hijo de puta sin saberlo. Y me di cuenta de que no solo ella lo ignora. Todos en la familia desconocen la otra cara de Horacio. —Se detiene—. Y me pregunté qué pasaría si yo lo desenmascarara. Si aprovechara esa reunión en la que vamos a estar todos y en el momento del brindis pidiera la palabra y les dijera quién es en verdad ese hombre al que adoran. Si les contara qué me hizo y cómo me fastidió la vida. Si hablara de las pesadillas que tengo todavía y cómo nunca pude tener un puto orgasmo.

—…

—Gabriel, tú me dijiste que ahora nadie puede forzarme a nada. Que ahora decido yo. Y en este mismo instante acabo de decidir que voy a hacerlo. Le va a doler a mis primos, a mi mamá y sobre todo a mi tía. Voy a lastimar a todo el mundo. Pero tengo derecho a sacarme esto de encima, ¿o no?

Imagino la situación y me pregunto si se trata de un *acting*, de una escena sintomática, o si en realidad Mora desea contar su verdad. Viene haciendo un gran análisis. Y en este proceso no solo ella aprendió a confiar en mí. También yo confío en ella. Por eso respondo.

—Tienes todo el derecho a hacer lo que quieras.

El festejo de las bodas de oro de sus tíos estaba preparado para el último sábado de julio. Durante las semanas anteriores, Mora había ratificado su deseo de contar la violación que había sufrido. Ella sostuvo con su silencio el cariño que todos tenían por Horacio, y no estaba dispuesta a seguir haciéndolo. Ya había sufrido demasiado. Ahora se sentía preparada para quitarse ese peso de encima.

Dos días antes del evento, me llamó y me pidió una sesión urgente.

Llegó desdibujada. Entró y fue directo al diván. Se acostó y se quedó un rato en silencio.

—¿Qué pasa?

—Me jodió, Gabriel —dijo en un tono casi inaudible.

—¿Quién?

—Horacio. Me jodió de nuevo.

—...

—Se murió. Anoche. —Pausa—. ¿Te das cuenta? En dos días les iba a contar a todos la clase de hijo de puta que era. Y no me dejó. Como cuando era una niña. Otra vez hizo lo que quiso.

—...

—Estuve pensando... —se interrumpe.

—¿En qué?

—En decirlo igual. Mañana, en el entierro. Delante de todos.

—¿Y qué decidiste?

Duda.

—Que no. Mi tía, mis primos, no se lo merecen, y él ya no va a sufrir. Yo quería mirarlo a los ojos cuando todos se enteraran.

Quería que se hiciera cargo de lo que me hizo. Pero reaccioné tarde. Se fue sin pagar. Y si hablo ahora, van a pagar inocentes como yo.

No me equivoqué. No se trataba de un *acting*. De verdad quería exponer a su violador. Y ahora, hablar ya no tenía sentido para ella.

Horacio murió sin que nadie supiera lo que había hecho. Pero Mora aún tenía el deseo de contar su verdad.

—¿Y si se lo cuento a Carlos?

El secreto sigue siendo demasiado pesado para ella.

—¿Por qué no? Pudiste contarlo aquí. Y es mucho. Fíjate cómo cambió tu vida desde que lo hiciste. Pero a lo mejor todavía necesitas compartirlo con alguien más. ¿Quién mejor que el hombre que tan bien te trató en la vida?

Pausa.

—Me da miedo que se enoje.

—¿Por qué va a enojarse? Tú no hiciste nada malo. Carlos siempre te contuvo en los momentos difíciles. ¿Por qué no lo haría ahora?

—No sé. Siento que algo me lo impide.

—A lo mejor te da vergüenza.

Asiente.

—Mora, no tienes de qué avergonzarte. Tú fuiste la víctima, no la culpable. —Pausa—. Piénsalo y haz lo que quieras. Hablar sigue siendo tu derecho, no tu obligación.

Dos semanas después, Mora le contó a Carlos el Infierno que había sufrido. Le habló de su infancia, su soledad, la sensación de abandono y la violación. Carlos la abrazó y dejó que ella volcara las lágrimas que venía reteniendo desde hacía tanto tiempo.

La angustia es silenciosa y lastima.

No importa lo lejos que llegue un análisis, jamás podrá liberar al paciente de todas sus heridas. Las marcas de lo no dicho se inscriben en el cuerpo y en la psiquis para siempre. Sin embargo, el Psicoanálisis cura. No lo cura todo, es verdad. Nada puede hacerlo.

A pesar de eso, los pacientes van por la vida dando batalla a su historia y sus dolores. Algunos llegan más lejos que otros. Pero todos, a su modo, se paran en un lugar diferente.

A Mora la recorría una palabra: interrupción. Las peleas de sus padres interrumpieron su niñez; el tío, su inocencia; su temor, el primer análisis; la separación, el hogar; el embarazo, su relación con Guido; y la llegada de su hermana, la ilusión de un lugar seguro de la mano de Griselda.

Trabajamos el tema para que dejara de tener «una vida interrumpida». Un deseo interrumpido.

La muerte de su tío la privó de la posibilidad de poner en palabras delante de su familia lo que había sufrido. Su abusador murió sin que nadie supiera el daño que le había causado. Y Mora comprendió que, a pesar de que se esforzara por hacer las cosas bien, en la vida no todo se puede. Sin embargo, está mejor. Disfruta de su familia. Se siente confiada y feliz junto a su esposo.

Y a los 44 años, ha tenido su primer orgasmo.

El Psicoanálisis no es una terapia como las demás. No busca recuperar un estado de bienestar perdido. Busca que alguien sea una persona que no hubiera sido nunca si no se hubiese analizado.

Yo lo sé.

Hoy, por suerte, Mora también lo sabe.

AGRADECIMIENTOS

A Nacho y Mariano.
A Juan.
A Teo.
A Planeta, mi familia.
A Cynthia, por su inteligencia apasionada… y su amor.

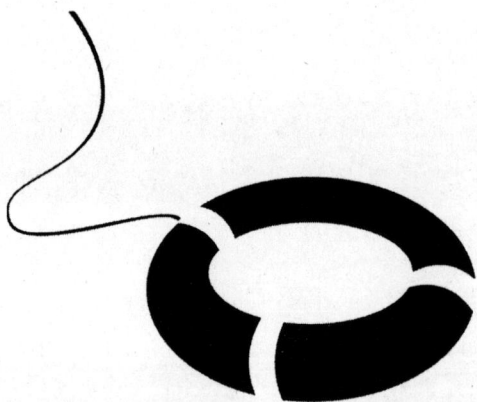